過常寶 著

遺珍重現：歷史收藏的藝術與價值

從帝王至文人，收藏如何塑造歷史與文化

COLLECTABLE

深掘中國古代收藏藝術及其文化價值，探討收藏背後的動機，揭示收藏品的多重意義。走進帝王、文人的收藏世界，見證歷史的豐富面貌；分析收藏品的真偽，揭露收藏市場的內幕。現代的收藏挑戰與文化遺產保護的重要性。

目錄

第一章　收藏的開端

第二章　收藏的歷史

目錄

第五章　收藏例說

參考書目

目錄

第一章　收藏的開端

第一節　好古敏求在方寸，煙雲過眼看收藏——收藏概說

什麼是收藏？收藏就是藏家在各種動機的促使下，把他認為有收藏價值的藏品進行收集、整理、保護和賞玩。

藏家與收藏動機

所謂「藏家」，就是收藏藏品的主體。這個主體不僅指個人，還包括從事收藏的官方或非官方組織。身為個人的藏家我們都很熟悉，他們從數量上占了收藏主體的大部分；身為官方組織的收藏主體占的分量也不小，比如博物館、圖書館、名人故居（有的名人故居屬私人財產）等等；身為非官方組織的收藏主體也不可忽視，如書畫、攝影協會等民間組織；甚至一些宗教場所，如寺廟等供奉宗教聖物的行為，也可以看作是一種收藏。

官方收藏出現的時間比較早，最典型的例子就是官方對書籍、金寶玉器、祭器、兵器等物品的收藏。按照這樣推算，人類的收藏活動幾乎與人類文明的產生一樣早了。私人收藏出現的時間稍微晚點，而且在早期收藏史中，與官方收藏相比規模上也顯得單薄。早期的私人收藏在藏品種類上跟官方也差不多——主要是書籍、金寶玉器等比較貴重的東西。而且這些所

謂的「私人」也多是達官貴人，這就使他們的收藏也帶有半官方的性質。

現代意義上私人收藏的興盛與商業的發展是分不開的。隋唐時期社會比較穩定，經濟上比較繁榮，商業也有了很大的發展。唐代長安城就專門設有「市」區，「市」就是專門進行商品買賣的市場。據史料記載，當時的市場上已經出現了書畫和古玩買賣，這說明民間收藏已經出現，並有了一定的規模。其實這種收藏風尚，跟統治者的雅好也有直接的關係，唐玄宗時甚至還出現了專門為宮廷收集書畫和文物的商人。

私人收藏的真正興盛，還是在北宋的時候。北宋時商品經濟發展程度已經遠遠超過了唐朝，這一點在城市布局上就能看出來：唐代城市分為「坊」（居住區）和「市」，但兩者是分開的，而且到了晚上還要「宵禁」，「坊」區要被關閉；宋朝就不是這樣了，不但「坊」「市」雜處，而且取消宵禁，市場中買賣書畫文物的地方就更多了。

王國維在《宋代之金石學》中提到，宋代政和年間，皇宮大內藏有各種文物超過六千件；到了宣和之後，文物數量就突破萬件了。他還說，當時皇家收藏文物的風氣是受了民間影響的，在民間這種收藏之風更盛，雖然單人收藏不如清代豐富，但是收藏家的數量卻超過了清代。不僅如此，宋代很多收藏家為了購得一件器物，甚至不惜花費千金。這時候的收藏家最著名的莫過於李清照的丈夫趙明誠，趙明誠的收藏事蹟我們在後面還有介紹，這裡就不多說了。

到了清代，民間收藏進入成熟階段，其特徵就是專業的文物交易市場的出現。

那麼，藏家們是出於一種什麼樣的心態和動機來從事收藏的呢？不外乎如下幾種——

身為官方組織的藏家，他們進行收藏是出於對國家和民族文化負責的態度。他們收集藏品更多著重的是藏品的歷史、文化、審美等方面的價值，以及這些價值在國家和民族文化中的地位和對子孫後代的意義。簡單地說，官方的收藏是為了保護。

民間組織收藏和私人收藏的動機差不多，不外乎兩種心態：好奇和自娛。

俗話說「好奇之心，人皆有之」，藏家面對一件藏品，不可避免地會產生很多問題。他們為了解答心中的疑問，就不斷地收集同類藏品。隨著收藏活動的深入，他們對這類藏品的了解也就越來越多，也就不斷地解開心中的疑惑，同時新的疑問又會不斷地產生。這種不斷地產生疑問、解答疑問的過程會極大地滿足藏家的求知欲。當然，這種求知欲的產生，來自興趣。藏家往往都是先對某類藏品發生興趣，漸漸地才會想去了解它們。所以在一般情況下，愛好收藏某一類藏品的人，往往也就是對這類藏品了解最多的行家。

再就是自娛心態。很多藏家收藏都是為了「玩」，把收藏當成一種娛樂。有的藏家收藏到一定程度後，會把自己費盡心血尋覓來的寶貝捐獻出去，然後重新再來；還有的人喜歡收藏核桃、鐵球等小玩物，整天拿在手裡把玩……這都是一種自娛心態，也是一種「風雅」。

當然，也不排除那些希望透過收藏來發財致富，或是透過收藏來顯示自己高雅的功利心態。功利之心人人都有，收藏家也是人，不可避免地有點功利心，這些都無可厚非。但是，單純抱著功利的目的來收藏的話，嚴格地說都不能算是收藏。

現在，收藏事業逐漸步入現代化階段，現代化也意味著市場化、法治化、規範化和公共化，這就對藏家的品味和素養提出了更高的要求。不造假賣假藏假、不從事非法收藏，是對現代藏家最基本的要求。

現在，很多有影響力的大收藏家都意識到，收藏不僅僅是一種個人的行為，更是一種公共行為；收藏不僅僅是藏家的權利，更意味著他對公眾、對社會的責任和義務。因此，很多藏家自發地形成組織，以便更好地保護和促進收藏事業，乃至全民族、全人類的文化的發展。

藏品與收藏價值

在收藏的世界裡，藏品種類之豐富讓人瞠目結舌：大到飛機、汽車、軍艦，小到郵票、煙盒、火柴盒；貴重的如周彝漢鼎，便宜的如沙子石塊；高雅的如文玩、字畫，通俗的如故事、謎語……數不勝數。有報導稱，現在居然連鳥類的聲音、人的指紋，甚至夢境等都有人收藏。

在收藏界，人們根據藏品的價值和成本效益，將藏品冠上不同的名字，比如「新貨」就是指價值不高的藏品或贗品；「俏貨」就是指成本效益較高的藏品；「寶」既是一般收藏品的統稱，更是指那些收藏價值比較高的藏品；而「蟲兒」則是指藏家收藏的壓箱底的極品……

那麼，我們如何來判斷一件藏品是否有收藏價值，其價值的大小又如何呢？

一是「美」，也就是要求藏品能帶給人們美的享受，滿足人們的審美需求；二是「真」，就是要求藏品是真品，而不是贗品或次品，真品所蘊含的文化氣質是它所處時代精神的縮影；三是「稀」，物以稀為貴，存世數量越少的藏品，其收藏價值往往就越大。為什麼古人的字畫通常比現代存世的書畫家的作品要值錢呢？歸根結柢其實就是一個「稀」字 —— 古代的東西跟古代的歷史一樣，是不可再生的，毀一件就少一件，不會再有了；再就是年代久遠，這主要是針對文物類藏品說的。

在藏家的眼裡，藏品絕不僅僅是一件物品，而是鮮活的、有生命的，年代越久，裡面藏的故事就越多，文化底蘊就越深厚，收藏價值也就越大；還有就是藏品本身是昂貴的，最常見的例子就是金寶玉器。即使不是藏品，從材質來說，它們都是昂貴的。當然，它們的市場價值不等於收藏價值——後者往往要大得多。在藏家眼裡，藏品的材質不是最重要的，最重要的還是收藏之趣。

其實，「美」、「真」與「稀」並不是判斷藏品收藏價值的硬指標。因為這些標準本身就是不確定的——它們既受時代風尚的影響，更取決於藏家的口味。換句話說，收藏價值是一個見仁見智的問題，每一個藏家都認為自己的藏品是有收藏價值的，但換作別人，未必也這麼看。所以，我們判斷一件藏品有沒有收藏價值、價值多大，還是要綜合各種因素，具體問題具體分析。

收藏行為

收藏，藏家也稱為「玩」。把收藏稱為「玩」，實際上說明了一種收藏的目的和心態——娛樂。的確，「把玩」正是傳統收藏的主要目的。

「把玩」是一種欣賞，是收藏行為的一部分。我們經常會看到一些藏家隨身攜帶自己得意的藏品，時不時地拿出來把玩一陣子。他們相信，這些藏品都是有靈性的，經過長時間與人接觸、磨合，它們就會被藏家的靈氣所浸染，與藏家融為一體。所以，「把玩」既要用手，更需求用眼、用心。

其實，「把玩」只是收藏行為的一部分，它發生在藏家既已擁有了藏品之後。在這之前呢，還需求透過各種途徑和方式來收集藏品。收集藏品的行為根據藏家身分的不同，可以分為官方收集和民間私人收集兩種。官方的收集後面我們會專門舉例介紹，這裡我們主要介紹一下民間私人收集藏品的幾種主要途徑。

首先是買賣。藏品買賣在隋唐的時候就有了，但是多數是私底下交易，不成規模。到了清代，面向全國的專業性的藏品買賣市場出現了，有了這樣的市場當平臺，藏家們尋覓藏品就方便多了。

饋贈也是藏品集散流通的一種重要形式。這種饋贈有藏家之間私下的饋贈，也有藏家對某收藏組織的捐贈。

春秋時候，吳國有位賢公子叫季札，他是吳王夫差的叔祖。有一次他出使魯國，途經徐國。徐國國君對他盛情款待，席間季札發現徐君很喜歡自己的寶劍，但是不好意思說，季札也就不好主動贈送。後來季札出使魯國回來，又經過徐國，就打算趁機把寶劍贈給徐君，但不巧徐君剛剛去世。季札就把劍解下來，掛在了徐君的墓上。徐國群臣不解其意，季札就解釋了一下事情的經過，並說：「我當時心裡已經許諾了他，儘管他現在不在了，我也不能對自己失信。」

這就是「季札掛劍」的故事。這個故事也說明，藏家之間的互相饋贈，多是出於惺惺相惜的君子交情。另外還有藏家對收藏組織的捐贈，例子有很多，在現代社會中尤為如此。

還有一種就是徵獻。徵獻包括兩個意思：一個是「徵集」，一個是「進獻」。通常情況下，「徵集」和「進獻」是前因後果的關係。「徵集」多由官方藏家公布，因為徵集是要有一定的權力或財力作為後盾的，一般私人藏家可沒有這種能力。「徵集」通知公布後，四方藏家或出於自願或迫於壓力，就會向徵集者「進獻」他們想要的東西。

上面說的幾種流通途徑都是合理合法的，是盛世收藏的主要途徑；還有一些情況是無理非法的，比如搶掠和偷盜，這些現象多發生於亂世。

提到對藏品尤其是文物的搶掠，恐怕大家首先想到的就是近代外國侵略者對中國的罪行，這對收藏家來說可說是椎心之痛。其實搶掠文物的事不僅在戰爭年代、國家之間會發生，而且在和平年代、國家內部也時有發生。明清筆記記載了下面這個著名的例子——

明代大奸臣嚴嵩的兒子嚴世蕃喜歡收藏古玩字畫，他聽說太倉王忬家裡藏有宋代著名畫家張擇端的《清明上河圖》，就強行向王家索要。王忬不敢得罪嚴世蕃，又不捨得獻畫，就請人臨摹了一幅畫給嚴世蕃交差。誰知道這件事被嚴世蕃手下的一個裱褙匠告發，嚴世蕃懷恨在心，就和其父嚴嵩一同把王忬陷害致死，謀奪了《清明上河圖》。

還有人用偷盜的方式收集藏品，這方面的例子也不少。最有名的是西晉虞喜的《志林》中記載的一件事——

三國著名書法家鐘繇痴迷書法，有一次他在書法家韋誕那裡看到了東漢書法家蔡邕著的書法祕訣，就向韋誕求要。韋誕也愛書如命，當然不給。鐘繇求而不得，頓足捶胸，哭鬧了三天，胸膛都捶青了，嘔血不止。還好曹操給了他一些丹藥，才救了他的命。後來韋誕死了，鐘繇就派人偷偷挖開韋誕的墓，偷出書來。

這件事未必是真，但也絕非毫無根據。後人談到這件事，更多的是對鐘繇的雅好表示欣賞。鐘繇的做法固然可愛，但實在不值得提倡。

至於那些為了獲取財富而不惜盜竊、破壞民族文化遺產的諸如「東陵大盜」孫殿英之流，更應該為人們所唾棄，為社會、法律所不容。

收藏的歷史源遠流長，已經成為一種獨特的文化現象。不但有數量龐大的以收藏為職業的從業者，有自己的行業規範和專門的交流平臺，更形成了豐富系統的行業知識。總而言之，收藏文化已經成為社會文化重要的一支。

我們還應該看到，收藏文化發展到現代，不再僅僅是一種審美的、學術的文化，更是一種科技密集型的文化，一種開放性的市場經濟文化，從法律上規範它、從體制上維護它、從輿論上監督它，都是十分必要的。

第二節　朝廷廣開獻書路，謁者求遍東西浙——獻書和獻瑞

官方收藏可以利用官府的權力來控制藏品的集散，基本上每個朝代都有收藏和徵集藏品的舉動，隨著朝代的更替和歷史的延續，官方收藏也呈現出一條明顯的脈絡——對書籍的收藏和徵集就是一個很好的例子。

書籍的徵獻

書籍是文化的載體，對書籍的收集、整理和印刷傳播是政府文化建設的重要手段。因此，書籍收藏也就成了官方收藏的重頭戲。自古至今，幾乎歷朝歷代都進行過大規模徵書、藏書的活動。

從目前我們掌握的材料來看，商代除了甲骨文和金文之

外，也有典冊文獻。《尚書》裡說「唯殷先人，有典有冊」，意思就是說商代自古就有典冊文獻，這些文獻才是商代真正意義上的「書籍」。

從甲骨文的記載來看，裡面確實有「典」和「冊」二字。這兩個字是象形字:「冊」是用一根繩子把竹木簡片編連起來，「典」就是把「冊」堆放在几案或架子上。這就說明商代除甲骨文外，還存在大量的典冊書籍，而且這些書籍有專門的人和專門的地方保管收藏。

到了周代，人們更看重人事，也更理性，體現在圖書收藏上，就是制度更加完備，圖書管理人員的職責也更加明確和細緻。

當時的圖書主要由史官負責收藏管理。史官又分御史、天府、外史和小史等幾種，分別有不同的職責。這裡需要特別介紹的是外史和小史。

從前人的研究看，這兩類史官在職責上有交叉點，那就是對「邦國之志」和「四方之志」的保管和收藏。何謂「邦國之志」和「四方之志」呢？周代實行分封制，整個國家由周王直接管轄的王畿和諸侯分管的諸侯國組成，這些諸侯國有一定的自主性，但都必須受制於周王朝中央。「邦國之志」和「四方之志」就是諸侯國的國史，其中最著名的就是孔子編訂的魯國國史——《春秋》。

從《周禮》的記載來看，各諸侯國發生了大事，都需要向周朝中央彙報，由周史官整理好並收藏起來。周代的史官中最有名氣的就屬老子了，他就曾做過藏書官。由於接觸了大量書籍，老子學問十分淵博，連孔子都要向他請教。

除去這些「志」類的文獻，周代還設立了采詩官，專門負責收集各諸侯國包括王畿地區的民歌，透過這些民歌觀察各地百姓的生活情況。五經之首的《詩經》中的詩歌就是這樣收集整理而來的。據說到了孔子接手《詩經》編撰工作的時候，收集的詩歌已經超過三千首。後來經過孔子刪定，才形成了我們今天所看到的《詩經》。

後來秦始皇統一天下，建立了秦朝。秦朝也專門設有收藏書籍的部門，叫做「石室」或「金匱」；也有專門負責管理圖書的官員，這些官員中職位最高的是「三公」之一的御史大夫。

秦統一六國後，就曾有過數次大規模的收集活動。其中最有名的有兩件事，第一件是把各地所有的兵器收到中央銷毀，鑄造成十二個大銅人，防止各地人民再發揮叛亂；第二件是臭名昭著的「焚書」。

據記載，秦統一之後，博士淳於越等反對實行「郡縣制」，主張復歸周朝的「分封制」。丞相李斯堅決反對，認為他們是在以文亂法、借古非今，於是向秦始皇建議銷毀百家之書，只留下秦史、占卜、司法、醫藥、種植等方面的書籍不燒。

這可以算是最早的政府主持的大規模的「徵書」活動了，可惜徵書的目的是銷毀，以箝制人們的思想，而不是為了收藏傳播。結果秦朝二世而亡，不僅焚書的目的沒有達到，還留下了千載罵名。

兩漢政府吸取秦亡教訓，在書籍的收藏方面著實費了不少心血。

早在漢高祖劉邦打進咸陽的時候，蕭何就曾專門對秦朝遺留的圖書律令做了收集整理。漢朝建立後，身為丞相的蕭何又主持建造了石渠閣，作為皇家圖書館。這時候，西漢政府也採取了一些措施收集圖書，《詩》、《書》等時有進獻。不僅如此，張良、韓信等軍事家還特地編次整理了之前的兵書，貢獻頗大。

漢武帝的時候，儒術大興，武帝讓公孫弘主持，廣開獻書之路，取得了很大成績，「百年之間，書積如山丘」。武帝還專門設立了延閣、廣內、祕府等機構服務於收藏圖書，一時之間，書籍收集整理之風蔚然興發揮。

這種風尚一直為漢朝後來的統治者們所倡行。漢成帝就曾命陳農等求遺書於天下，又命劉向等人校勘皇家藏書。後來劉向把校勘的情況整理成《別錄》，其子劉歆承襲父業，編成《七略》，它是中國最早的學術總結性著作。東漢的班固在此基礎上寫成了中國最早的目錄學著作——《漢書·藝文志》。

經歷王莽之亂後，東漢的統治者效法祖先，設立石室、蘭臺、東觀、鴻都等藏書機構，以及校書郎、蘭臺令史等管理藏書的官職，對書籍進行了大規模的收集和整理。熹平四年，漢靈帝下詔，讓儒生們校訂五經，並用古文、篆書、隸書三種字體刻在石碑上，立於太學門外，這就是著名的熹平石經。

三國魏晉南北朝時期，統治者們也很注意書籍的整理和收藏，但由於社會動盪，戰亂不息，藏書事業破壞嚴重，得不償失。隋朝建立後，兩代皇帝在藏書方面下了很大的功夫，也取得了一些成績。

唐代是繼漢代之後的又一個盛世，這種繁榮昌盛的局面在藏書方面也得到了很好的體現。唐初在繼承隋朝藏書的基礎上，貞觀年間唐太宗又下令面向天下收購圖書，並從五品以上官員子弟中挑選擅長書法的人來抄寫，最後將圖書收藏到皇家圖書館裡。

開元時期，唐朝國力進入鼎盛，藏書事業也達到頂峰。開元七年，唐玄宗下詔全國，無論官宦庶民，凡藏有奇書的一律借給官府抄錄繕寫。據此時成書的《古今書錄》統計，當時官府藏書已經超過五萬卷。

安史之亂爆發後，藏書事業遭受重創。戰亂平息之後，在政府的努力下，藏書事業又慢慢恢復起來。這時候最值得稱讚的一件大事，就是「開成石經」的刻制。

開成是唐文宗的年號。這部石經自文宗太和四年（西元八百三十年）開始刻制，直到開成二年（西元八百三十七年）才完成，前後歷時七年，共計六十五萬字，全用楷書書寫，用去石碑一百一十四塊。這次刻寫的內容是儒家的「十二經」，包括《易經》、《尚書》、《詩經》、《周禮》、《儀禮》、《禮記》、《春秋左氏傳》、《春秋公羊傳》、《春秋穀梁傳》、《論語》、《孝經》與《爾雅》。後來，人們在這十二部經書之後又加上了《孟子》，這就是我們常說的儒家「十三經」。

北宋政權的建立發揮於一次武將兵變，就是歷史上有名的「陳橋兵變」。因此，宋代對武將處處提防，而以文官治國，因此對文教的重視達到了前所未有的程度，藏書事業也隨之大興。

早在宋太祖趙匡胤時期，官府就建立了中央圖書館——崇文館，後來為方便皇帝閱覽，還別立「祕閣」，也就是皇帝私人的閱覽室。除此之外，宮禁大內還設有太清樓和龍圖閣，這兩處地方也藏有大量書籍。我們熟悉的「包青天」包拯，就曾官拜龍圖閣大學士。

除大量建設圖書館之外，北宋政府還採取了很多有利於圖書收藏的政策，比如大量刊刻和傳播書籍，允許民間教書講學等等。這樣，唐代時還十分稀少的「讀書破萬卷」的飽學之士，到了宋代已經比比皆是了。

此外，宋刊書籍的品質相當硬，無論紙張、用墨、書法，都是如此，在圖書收藏史上很有名氣。後代藏書家莫不以藏得宋刊書為榮——這當然也與宋刊書數量稀少有關——清代著名藏書家陸心源建有「皕宋樓」，意思就是「藏有二百多種宋刊書的藏書樓」，言下不無自豪和誇耀之意，可見宋刊書之珍貴了。

明清是集中國古代文化之大成的時代，這種集大成的特點也體現在藏書和編書方面。

明代藏書事業最大的成就，莫過於《永樂大典》的編纂與抄錄了。

《永樂大典》原名《文獻大成》，後來因為全書規模龐大，材料豐富，「著為奧典」，成書時遂定名為「永樂大典」，「永樂」是明成祖朱棣的年號。《永樂大典》彙集古代圖書七八千種，全書約計三億七千萬字，共有近兩萬三千卷，僅目錄就有六十卷之多，前後動員人力達數千人，歷時六年方才編成，是中國歷史上最大的一部類書。

何為「類書」？「類書」就是部分地摘抄群書內容，並加以分類編排，以供查閱的一種工具書。

《永樂大典》就是這樣一部類書，它涉及的內容十分廣泛，幾乎囊括了當時能見到的所有書籍。這部書的編纂當然是和朝廷向民間徵集圖書的活動分不開的。

不僅如此，《永樂大典》的編纂和抄寫十分精細，品質極高。據記載，當時參加編書的人員不但享受著國家提供的各種優厚待遇，還不必工作和上朝，專心致志地修書。當時還規定，每人每天寫書僅限三頁，不能多也不能少；每頁紙上都要標記編書者的姓名，便於追究責任。

《永樂大典》的抄寫，全部用的是當時的標準字體——臺閣體楷書工工整整地抄寫。從現存的《永樂大典》來看，紙張、墨色、書法俱是一流，全書連一點塗改勾畫的痕跡都沒有。由於它的編纂十分精緻，以致有傳聞說《永樂大典》是用金葉子寫成的，當然這是無稽之談了。

嘉靖年間，宮中發生大火災，險些禍及《永樂大典》。珍愛《永樂大典》的嘉靖皇帝下令將《永樂大典》重錄一份。重錄的官員發現，由於《永樂大典》格式上十分規範、整齊劃一，重錄發揮來只能按原樣複製，可見《永樂大典》品質之高。

重錄《永樂大典》的時候，朝廷發給錄書者的待遇和規定的抄書要求，與初編的時候一樣。即使是重錄，也整整花了六年的時間，直到穆宗隆慶年間才抄寫完畢。我們目前看到的版本就是重錄的。至於原本呢，清代的時候就見不到了。有人說毀於李自成起義，有人說被嘉靖皇帝當陪葬品帶到永陵裡去了……種種說法，都有待後人的考證。

到了清代，統治者們重視藏書的程度又超過了明代，最典型的事件就是乾隆時期大型工具書《四庫全書》的編纂。我們在後面的章節會有介紹。

到了近現代，圖書收藏空前興盛。不僅全國各地都建有圖書館，而且圖書館的管理也更加現代化。科學技術的發展對書籍的收藏功不可沒，微縮攝影、光碟燒錄、網路傳播等各種手段都用於藏書，圖書的收集、整理和查閱不再是難題。

官方藏書雖然有政權做後盾，但遇到戰亂等災禍，破壞發揮來也更加容易。因此，幾乎歷朝歷代建立之始，都會有大規模徵集圖書的舉動。相反地，民間藏書由於比較分散，流動性也好，而且越到後來，對藏書者的身分要求越低，這種分散和流動性也越好，圖書受戰亂災禍影響的程度也就越低。

因此，每當官府藏書受到大規模破壞後重建的時候，民間藏書都會對它提供大力的支持。所以說，官府對圖書的徵集和民間向官府獻書是一個行為的兩個方面，兩者區別就在於藏書者的身分地位不同。當然，這主要是就古代而言。

到了近現代，這種情況變得更加複雜了。由於封建帝制被推翻，官方和民間的關係也不再是「普天之下，莫非王土；率土之濱，莫非王臣」。民間藏書尤其是私人藏書成了私人財產不可侵犯的一部分，官方再也無權強制徵集。

那麼是不是說，民間獻書的行為就絕跡了呢？當然不是。由於官方與民間、公共組織與個人之間變得更加民主，雙方的關係反而更加親密，再加上個人素養的不斷提高，因此，民間、個人向官方、公共組織獻書的事不但沒少，反而更多了。

提到近代私人捐獻圖書，不得不提的兩個先鋒人物就是廣東的「二梁」。一個是近代大藏書家梁鼎芬，另一個就是「戊戌變法」領導者之一的梁啟超。

梁鼎芬，字星海，號節庵，廣東番禺人。他一生嗜好藏書，收藏圖書無數，私家建有藏書樓 —— 葵霜閣。他收藏圖書並不僅僅出於個人興趣，更是為了「藏書為用」。他一生中曾多次向地方學校和官方圖書館捐書，1919 年去世的時候，更是把自己生平所有藏書悉數捐贈給廣東省立圖書館。

梁啟超少時好學，愛書如命，他的藏書處叫「飲冰室」。和梁鼎芬一樣，他去世的時候，把自己所有的藏書都捐給了北京圖書館。為了紀念他的義舉，北京圖書館專門開闢一室，收藏他捐獻的書籍。

他們被稱為「近代首開獻書之風」的人。

到了現當代，這種事就更多了。最著名的如鄭振鐸、季羨林等學者都曾有過向國家和學校捐贈書籍的善舉。這種行為背後，更多的是他們對國家、對國家教育事業的關心和熱愛。

四方獻瑞

中國人重「吉祥」，逢年過節都要張燈結綵、準備吉祥物、說吉祥話，這種觀念由來已久，而且在政治上的表現更明顯。

早在上古的時候，人們相信，人事與天命是相連的。尤其是周代，人們認為人是上天的子民，天子就是周王，是上天授命來管理萬民的。那麼，上天怎麼向人間傳達意志呢？最主要的途徑就是「祥瑞」和「災異」。

如果天子管理人民管理得好，上天就會降下「祥瑞」來褒揚他；相反地，如果天子昏庸無道，人間的怨氣就會上達天聽，上天就會降下「災異」來警告和懲罰他，這就叫「天視自我民視，天聽自我民聽」。如果天子的氣數到了頭，「災異」就特別頻繁；相反地，新的真命天子那裡也會接二連三地接到「祥瑞」，這是天命降臨的好兆頭。

如雍正登基之時，民間就有傳言說他篡改康熙遺詔，把「傳位十四皇子」改成了「傳位於四皇子」，他的皇位來得不明不白。當然這是傳言，不足為信。康熙遺詔現藏於臺北「故宮博物院」，並無篡改痕跡；而且清代遺詔都是漢滿文各一件，縱使漢文詔書能篡改，滿文詔書也無法篡改。

但是人言可畏、眾口鑠金，雍正對此事十分焦心。後來他想了個辦法，就是用「祥瑞」來證明自己是天命所歸：先是對「七星匯聚」的天象大肆炒作，後來每有祥瑞，就畫影圖形，昭告全國。

做臣下的心領神會，各地獻來的「祥瑞」源源不斷：黃河澄清、七星匯聚、祥雲景星層出不窮。

現在故宮博物院還有一個雍正時的蓍草箱，這個東西就跟「祥瑞」有關：雍正元年，官員報稱孝陵上長出六叢蓍草共三百莖，雍正聽說後立即派人做了這個箱子，「敬謹儲內」，鄭重其事地把蓍草收藏發揮來。

由於祥瑞之事對政治鬥爭有重要意義，古人還專門從制度上對這些祥瑞做了規定。從祥瑞的程度上看，共劃分為五級：龍鳳麒麟之類的祥瑞為最高級，以下分別大瑞（星雲氣象等天文類）、上瑞（白狼、赤兔等走獸類）、中瑞（蒼鳥、赤雁等鳥類）和下瑞（靈芝、嘉禾、連理枝等植物類）。

第三節　千年埋無人問，一朝重現天下聞——藏品的發掘和辨識

其實，藏品中很大一部分都來源於陵墓和遺蹟，又被稱為文物。它們塵封地下，歷時久遠，稍有不慎就可能永遠消失，因此就需求透過系統嚴格的考古發掘，才能讓它們重新展現在世人眼前。

作為藏品的文物並不僅僅是簡單的器物，它們凝結著製作者的心血及其所處時代的文化精髓。透過這些出土文物，我們可以更深入地了解當時科技、文化、藝術等方面的發展情況，可以說，每一件文物都是它所處時代的一個縮影——這也正是文物的價值所在。

發掘和辨識是考古的兩大基本步驟。辨識就是解讀出土文

物價值的過程，這個過程與發掘同樣重要 —— 如果僅僅挖出來就算完事，那麼挖出來的最多只能叫「古物」，而不能稱其為「文物」。辨識的過程涉及政治、歷史、文化、藝術、科技等方面，只有透過多方面辨識解讀，文物的價值才能更全面地被發掘出來，這樣才算是真正的文物。

地下軍陣——秦始皇陵兵馬俑的出土

被譽為「世界第八大奇蹟」的秦始皇陵兵馬俑，是二十世紀中國考古史上最偉大的發現之一。

秦始皇陵兵馬俑的發現源於一個偶然的小事件。西元一九七四年三月，陝西驪山地區發生旱情，村民們不得不大量打井抗旱。西楊村村民在打井的時候，卻打上一個陶俑頭來。當地考古工作者聞訊趕到並展開考古發掘，隨即出土了大量陶俑。至此，消失在世人眼裡達千年之久的秦始皇陵總算浮出水面。

從西元一九七四年的初次發掘至今，秦始皇陵兵馬俑還經歷了兩次大規模發掘，一次是西元一九八五年，一次是西元二〇〇九年六月。經過數十年的發掘，秦陵區共發現隨葬坑和墓葬六百餘處，清理出人馬陶俑八千餘件，連同車輛、器皿、樂器、兵器等等在內，總共出土文物達五萬件左右。

秦陵出土文物種類繁多，最有代表性的是兵馬俑、銅車馬和兵器鎧甲。下面我們要介紹的是兵馬陶俑中鮮為人知的陶俑彩繪和青銅兵器。

一、**陶俑彩繪**。現在我們看到的兵馬俑實物或圖片，絕大多數是沒有顏色的，只剩灰黃色的陶器底色，最多還有一星半點的殘存顏色。

其實，在兵馬俑最初製作的時候都上有鮮豔的顏色，那麼這些顏色為什麼不翼而飛呢？

首先是考古工作普遍面臨的難題——氧化。陶俑埋藏地下達兩千年之久，與空氣隔絕，處於半真空狀態時，顏色還可以持久保存；在考古發掘的過程中，這些陶俑逐漸被清理出土，與空氣接觸，瞬間發生化學變化，也就是氧化，顏色就會消退、變異或剝落。

秦俑在地下的分布並非如現在這樣整齊完整，而是東倒西歪，甚至支離破碎，考古發掘的時候要像繡花一樣的細緻。時間一久，出土時原本有的顏色也會逐漸氧化消失。在西元二〇〇九年六月開始的第三次發掘中，這仍是考古專家們面臨的重大難題之一。

另外，有一些秦俑曾受到過自然的和人為的破壞。在發掘過程中，考古工作者們在一號坑發現了火燒水浸過的痕跡。為什麼會這樣呢？史料記載，秦始皇陵曾經遭到的大規模人為破壞有五次之多，其中最著名的就是項羽的盜掘破壞；此外還有自然原因，秦俑作為陪葬品普遍埋藏較深，有的甚至低於地下水位，加上上層地表雨水的滲透，遭到水浸也很難避免。

這些因素都導致了敷在秦俑表面的顏色脫落消失。那麼，是不是我們就無法了解當年秦俑彩繪的祕密了呢？當然不是，我們的考古學家採取各種手段，沿著殘留下來的蛛絲馬跡進行調查，大致還原了當時彩繪的情況。

原來秦俑的製作並不簡單：先是用模子做出各種肢體的粗坯，也就是大致的形狀；然後再上一層細泥（細節上的雕刻塑造和著色就是在這層細泥上完成的）；之後才是拼接和燒製、著色。

秦俑的顏色主要有紅、綠、藍、黃、紫、褐、白、黑等八種主色，加以調和稀釋，形成濃淡不同的各種色彩，整體算來至少十餘種。具體著色上，人俑的皮膚、頭髮、衣裝、甲冑，甚至黑白眼球、勒甲絳等等都用不同的顏色渲染；不僅如此，色彩之間的搭配對比也十分的協調、科學，體現了當時人們在調配顏色方面的高超技藝。

馬俑的著色也毫不馬虎，以探方二十中出土的一組陶馬為例，這組馬共駕一車，稱為一「乘」——古代戰車的基本單位，由四馬一車組成；人員配備上一般為三人，分別是發號施令的「車左」、駕車的「御」和擔任護衛的「車右」。四匹馬不僅顏色同中有異，各有特色，而且每一匹馬身體部位顏色也各不相同，尤其臉部色彩更是生動多姿。

值得一提的是，考古專家們還發現，陶俑身上殘存的色彩中有一種人造的紫色矽酸銅鋇顏料在目前的自然界中尚未發現，而是只存在於超導世界的衍生物中，這就使原本神祕的秦代文化顯得更加撲朔迷離。

這些斑斕又不失和諧的色彩，與陶俑鮮活靈動的造型相配合，共同造就了秦俑不可超越的藝術成就。

在眾多秦俑中，最為特殊的恐怕就是西元一九九九年出土的那具身分詭異的綠面跪射俑。這具陶俑姿勢為單膝跪射，身體的大部分比其他陶俑並無特異之處，唯獨生了一張綠色的臉。考古工作者們透過分析研究，發現陶俑臉部的綠色渾然一體，並非年深日久發生化學反應造成的色變，而是創作之色。

這就引發了學者們的思考：為什麼陶俑的臉要塗成綠色？這是否暗示該俑有著特殊的身分？目前學界的觀點主要有以下三種。

第一種觀點認為這是正常現象，首先這種淺綠色是一種近似色，並非完全寫實，而且也的確有面色與此相似的人的存在，這實際上反映了秦人在色彩調配運用上的生澀貧乏。

第二種觀點認為綠面俑實際上是秦軍中的「儺官」，也就是隨軍的巫師。他的主要職責是驅逐疫鬼和喪葬祭祀，「綠面」實際上應該叫「青面」，是為了看發揮來恐怖，以嚇走疫鬼。

第三種觀點認為，綠面俑實際上是秦軍的狙擊手，因為他手執弓箭；而綠色就像現在的迷彩一樣，是一種保護色。

直至現在，這個問題仍然是眾說紛紜。

西元二〇〇九年的第三次發掘中，考古人員發現了有外國人 DNA 的骨架。他們推測，這支龐大的秦國地下軍隊中，很可能就有外國人。

這其實也很好理解，秦國地處西鄙，與戎羌等少數民族接壤。在與少數民族爭戰的過程中，秦人學得了很多有效的作戰方法，這也是秦軍戰鬥力強的重要原因。有爭鬥就必然有俘虜，爭戰中秦軍可能虜獲過很多少數民族和西域軍士，後來這些人就在秦國定居下來，成為新的秦國人。這種情況在戰國時代秦國強大之後更加常見。

情況是否真的如此呢？目前發掘工作仍在進行，就讓我們拭目以待吧。

二、**青銅兵器**。兵器鎧甲也是秦始皇陵出土器物中的大宗，據統計達四萬件之多。秦陵出土的兵器花樣繁多，主要有長兵器，如戈、矛、殳、戟等；短兵器如鉤、劍等；此外還有遠射兵器弩箭，而經過千年的腐蝕，弩箭也只剩下了銅製的弩機和箭鏃。

秦陵出土的弩機製作精確巧妙，就連出土的銅箭鏃也採用了三棱錐的形狀。三個面和三條棱都略微凸出，使整個箭鏃呈現出近似流線型的形狀，這就大大地減弱了飛行時空氣的阻力，而且三棱錐的形狀也使箭鏃的重量更大、殺傷力更強、更具實用性。據說，這種弩箭射程可達數百步，威力較之現代的槍支也不遑多讓。

另外值得大書一筆的是秦陵中出土的青銅劍。秦國的青銅劍有三大亮點——

第一個亮點是採用鍍鉻技術防鏽，歷經千年而光亮如新，這種技術漢代之後就失傳了，直到 20 世紀才為西方所掌握。

第二個亮點是記憶合金技術的應用。據說當年發掘的時候，發現一柄寶劍因塌方被壓在一具重達百公斤的陶俑下達千年之久。工作人員挪開陶俑時，寶劍立即恢復原狀，挺直如初，這種記憶合金技術直到西元一九六〇年代才為國外所掌握。兩千年前的秦國，它的科學技術到底發展到了怎樣的程度，至今仍是個謎。

第三個亮點是長度大大增加。在此之前，由於用於製作兵器的青銅質地脆硬，容易折斷，所以青銅劍的長度比較短，而秦國銅劍普遍較長，有的竟長達九十公分。這一方面固然與其形制有關——劍身截面有八個棱面，劍身中間偏上部略細、略薄，有利於提高劍身的柔韌性——這取決於秦國工匠們高超的製作工藝。

無論是陶俑的精美絕倫，還是兵器的精巧犀利，這些成就除了取決於秦國當時的科技水準外，還與秦國當時的生產制度有密切的關係。

秦國以法家思想治國，法家主張嚴刑峻法、輕罪重罰，把灰撒到官道上都要處以剁腳的懲罰。而且嚴刑峻法不僅用在對待平民百姓上，對待官員更是如此。體現在生產制度上就是高度的標準化、規範化和嚴格的責任制，甚至每一件產品上都要刻上製作者及其上級長官，甚至主管這方面的高級官吏（比如呂不韋）的姓名，便於事後追究責任。由於監管、檢驗、審核、處罰都十分嚴苛，所以工匠們都不敢懈怠，精益求精，做出來的產品當然品質過硬。

風雨迷途——明定陵的發掘

考古發掘絕非易事，除了長年累月的高強度勞動之外，很多考古發掘都伴隨著考古工作者的流血流汗，很多人甚至為此付出了生命。正因為如此，作為藏品的出土文物才顯得彌足珍貴。

去北京旅遊，有一些著名景點是一定要去的，其中就有「明十三陵」，顧名思義，就是明代十三個帝王的陵墓。

這十三個陵墓分別是成祖永樂皇帝的長陵、仁宗洪熙皇帝的獻陵、宣宗宣德皇帝的景陵、英宗天順皇帝的裕陵、憲宗成化皇帝的茂陵、孝宗弘治皇帝的泰陵、武宗正德皇帝的康陵、世宗嘉靖皇帝的永陵、穆宗隆慶皇帝的昭陵、神宗萬曆皇帝的定陵、光宗泰昌黃帝的慶陵、熹宗天啟皇帝的德陵和思宗崇禎皇帝的思陵。

去過明十三陵的人都知道，開放的景點只有長陵、定陵、昭陵和神路，可以進入地宮參觀的只有定陵一處。實際上，十三陵中只有定陵地宮已被發掘，而那也是西元一九五〇年代末的事了。

西元一九五五年十月，一份關於發掘長陵的請示報告出現在大眾眼前，署名為郭沫若、沈雁冰（茅盾）、吳晗、鄧拓、范文瀾、張蘇等，起草人就是胡適先生的得意門生、著名的歷史學家吳晗。

這一紙文書就如一顆重磅炸彈，當時激起了考古學界的軒然大波。以吳晗、郭沫若等為首的學者主張發掘明陵，以鄭振鐸、夏鼐等為首的學者認為中國尚不具備相關技術條件，考古隊伍也不夠壯大，因此不宜發掘明陵。

雙方爭執不下，最後時任總理周恩來批示：同意發掘。西元一九五五年十二月，在吳晗的主導下成立了長陵發掘委員會和考古工作隊。工作隊經過長時間的實地考察後，決定修改發掘方案，放棄發掘長陵，把發掘目標轉向定陵。

西元一九五六年五月，定陵發掘工作正式拉開帷幕。與秦始皇陵兵馬俑的發掘不同，整個定陵的發掘過程都瀰漫著神祕、驚險、艱難，甚至殘酷的傳奇味道。

考古發掘的每一鏟泥土中都有可能藏著重要的歷史訊息，

需求認真勘察分析。加之發掘定陵之時天氣惡劣，陰雨連綿，工程一開始就進展緩慢。

那時候，人們的迷信思想和皇權崇拜思想還沒有退化乾淨，工作隊的工人又多是附近的農民，這也是導致工程進展緩慢的原因之一。考古過程中因此還鬧出了不少笑話：有人向考古隊獻「寶書」——《陵譜》，考古人員卻發現所記全是傳聞臆說，毫無價值；有人假裝「鬼上身」，說萬曆皇帝「顯靈」，企圖阻止考古工作進程，結果當即被戳穿……

面對重重困難，考古人員調動力量蒐集一切可以利用的訊息，甚至專門前往監獄，從當年參與盜墓的罪犯口中了解情況。終於，功夫不負有心人，一個偶然的機會，考古隊員們發現了寶城（陵墓地上封土外圍的城牆）的入口——一個直徑僅半公尺的塌陷的孔洞。

從這個入口下手，考古人員終於找到了通往皇陵內部的通道。開工不久，一塊刻有「隧道門」字樣的小石碑被工作隊發掘出來。按照石碑的指示，考古人員步步推進，又發現了磚砌隧道，這意味著通往地宮的路已經明晰。

然而之後的工作卻並不順利。出於保護文物的目的，考古人員沒有拆開磚隧道的大門，因此錯過了指示地宮入口的重要訊息。又歷時數月，考古人員打出了一條寬六公尺、深七公尺、長二十公尺的探溝之後，卻一無所獲。一些別有用心的人開始裝神弄鬼，企圖阻撓考古工作進行，「皇帝顯靈」的鬧劇就發生在這時候。

考古隊並沒有因此放棄，而是做出了一個大膽的決定：拓寬探溝。正是這個正確的決定，使他們找到了標記金剛牆位置的小石碑。

按照小石碑的指示，考古人員終於在西元一九五七年五月十九日，也就是考古工作進行整整一年後，發現了地宮的入口 —— 金剛牆。它高八百八十公分、厚一百六十公分，牆基由四層條石鋪成，牆體由五十六層每塊重達四十八斤的城磚砌成。

金剛牆的發現，又引發揮了一場不小的風波：先是在民工中流傳開地宮中設有毒氣、毒箭等機關暗器的傳言，後有一位滿嘴「生辰八字」的老者前來算命騙錢……甚至連考古隊員們也開始警惕起來。

終於，上級下達了開啟玄宮大門的指示。考古隊員趙其昌自告奮勇打頭陣，就在他抽出金剛牆的第一塊磚的剎那，一股黑氣嘶叫著噴射而出！當然，這不是什麼毒氣機關，而是地宮中物品腐爛積聚下的腐氣，因為地宮密封較好，直到開啟時終於得以宣泄而出。趙其昌當然安然無恙。

趙其昌當先開路，考古隊員們也陸續下到地宮中。由於考古領導小組事先下達了對陵墓機關暗器「寧可信其有，不可信其無」的指示，考古隊員們在地宮中的一舉一動都是戰戰兢兢、如履薄冰。

前行不久，一座巍峨壯觀的地宮大門赫然矗立在考古隊員們面前。由於年代久遠，地宮中水氣又大，建築地宮用的石灰石都生成了寶劍般的鐘乳石，懸掛在大門的門框上，這倒是把考古隊員們嚇了一大跳。

之後，考古隊員們把鋼筋一頭彎成半個「口」字形，製成「拐釘鑰匙」，破去了自門後頂住大門的「自來石」，打開了一道道石門，進入了存放帝后棺槨的墓室，自此定陵地宮終於被完全打開。地宮中也並沒有傳聞的暗器機關，考古隊員們虛驚一場。之後就是對地宮形制、棺槨安放位置及相關葬制的考察。

定陵內共安葬著萬曆皇帝和他的兩位皇后：孝靖皇后和孝端皇后。從三具棺槨中出土的元寶、金銀玉器、陶瓷器皿、各種絲棉織品、偶俑等達三千餘件，其價值無法估量。我們就其中幾件比較有代表性的文物介紹一下。

一、兩頂皇冠：金絲翼善冠和烏紗翼善冠。金絲翼善冠通體用頭髮絲一般細的金絲編制而成，全高二十四公分，直徑十七點五公分，重量僅八百二十六克。金冠分前屋、後山和帽翅三個部分。前屋是金冠的主體，形制呈半個球形，與頭顱相似；後山是前屋後面突發揮高聳的冠體；帽翅就是安裝在後山背面的兔耳狀網片，可以展開。

後山對稱鑲嵌著兩條金絲編成的金龍，雄渾有力，唯妙唯肖。二龍口相對，之間有一顆明珠，鑲嵌珠子的部分呈火焰狀，遠遠看去，就像一顆正在冒著火焰的龍珠。

楊仕、岳南在《風雪定陵》中這樣描述它：

「這頂翼善冠，通體用極為精細的金絲編結而成，重量僅為八百二十六克。半圓形的帽山之上，挺立著兩個狀似兔耳的金絲網片，一顆太陽狀的明珠高懸在兩耳中間，兩條金色的行龍足登帽山，正昂首眺望明珠，大有騰雲追日之勢。若能戴在頭上，則天地人融為一體，給人以主宰蒼生、容納寰宇之感。像這樣氣魄宏大、造型精美的金冠，還是首次出土，堪稱國寶。翼善冠的珍貴，除質地全為金線之外，還在於整體的拔絲、編織、銲接等方面的高超技術。它的出現，標誌著中國古代縷織工藝已達到了登峰造極的境地。」

不必說冠體如何精緻，也不必說金絲的銲接如何不露痕跡，僅是龍鱗編織之細緻就足以令人嘆為觀止了：細看之下你會發現，竟然連金龍的每個鱗片都是用金絲搓擰而成的！

烏紗翼善冠形制與金絲翼善冠相似，不過通體用烏紗製成，只帽翅邊、雙龍戲珠、前屋與後山交界處用金絲和珍珠編成。儘管如此，它在製作工藝上也不比金絲翼善冠遜色。

二、**刺繡百子衣**。是孝靖皇后的隨葬衣服，分上衣和下衣兩部分：上衣為紅素羅繡對開襟袷襖；下衣為黃緞裙，內套黃緞夾褲，褲腰從左側開口並用黃緞帶緊繫。《風雪定陵》稱它為「定陵出土的近二百匹成料和服飾中最為輝煌珍貴也是保存最好的兩件瑰寶。」它的珍貴之處主要體現在製作工藝和圖案設計兩方面。

首先看它的製作工藝。百子衣用刺繡工藝製成，據說用孔雀羽毛等五種絲線、十一種針法縫製而成。衣服的底料是紅素羅，先在底料上以穿絲針法繡滿菱形花式作為地紋，然後再在地紋之上繡主花，這種繡法叫「灑線繡」，是京繡的一種。衣服前襟與兩袖之上繡有九條蛟龍，全用金絲修成，並繡有八寶紋、山石、樹木、花卉等圖案，作為百子圖案的背景。不僅如此，不同的圖案也用不同的繡法繡成，比如灑線繡地紋、花線繡童子、金線繡背景圖案的邊緣、孔雀羽繡成龍身，等等。繡法多種多樣、變化多端，色彩搭配恰當、互相輝映，但就刺繡工藝而言，就是一件不可多得的藝術珍品。

然後是它最具特色的方面——圖案。圖案的主體是象徵子孫繁庶的一百個童子，這些童子不僅服飾各異、情態不同，而且三三兩兩組成一個個場景，比如「打貓圖」、「考試圖」、「沐浴圖」、「扮官員出行圖」等，共計四十個場景；而且這些場景散布於九龍、山石、樹木、花卉和八寶紋之間，與之渾然一體。透過這些生動活潑的場景，多子多福的美好願望躍然而出。此外，百子衣上還繡著具有宗教意味的「萬」字圖，雖然也是吉祥的象徵，在數百年後的人們眼裡，無疑充滿了神祕意味。

這只是定陵地宮出土文物中比較有代表性的三件，此外，比較有代表性的還有四頂皇后戴的鳳冠、用曾一度失傳的緙絲工藝製作的袞龍袍、鑲滿各種名貴寶石的「寶藏庫取出大碌帶」等等，以及各種金錠元寶、金銀玉器、陶瓷製品等，讓人在對古人智慧驚嘆不已的同時，也對古代帝王的奢侈生活瞠目。

西元一九五八年七月，歷時兩年多的定陵發掘清理工作基本結束；從西元一九五八年九月開始，定陵文物開始運出地宮，面向世人展出；西元一九五九年九月，定陵博物館成立；西元一九六一年三月，十三陵被中國列入國家重點文物保護單位。

這些並不能挽救定陵文物被毀壞的厄運。由於保管不善，大量文物風化腐朽，不復存在。定陵及存放在倉庫中的大量文物都遭到不同程度的毀壞，連萬曆帝后的三具屍骨也被受到難以修復的損傷。

那位一馬當先進入地宮的趙其昌先生曾利用夜裡的時間冒著危險躲到一處古墓的墓穴裡撰寫發掘報告。西元一九五九年，他終於完成了《定陵發掘簡要報告》。

西元一九七九年，在夏鼐先生的指示下，趙其昌與王岩、王秀玲兩位同事開始了《定陵發掘報告》的撰寫，這項工作於西元一九八五年六月宣告完成。

撰寫發掘報告並不僅僅是一項文字工作，還涉及各類文物的分類辨識與價值估算，這就需求與相關藝術門類，如紡織業、制瓷業等方面的專業人士交流溝通，還涉及文物的分類保管等問題，這個過程之艱辛絕不亞於發掘。

幾乎與《發掘報告》的完成同時，夏鼐先生去世。當我們驚詫於定陵的美輪美奐與其文物的巧奪天工時，誰承想它們還遭受過浩劫呢？

沉睡千年的貴婦 —— 馬王堆漢墓，發掘於湖南省長沙市轄區內。

所謂「馬王」，就是五代十國時期割據在此的楚王馬殷；所謂「堆」，說的是這裡有一個大土堆，相傳這個大土堆就是楚王馬殷家族的墓地所在。

西元一九七一年，當地駐軍試圖在這裡建造地下醫院。哪知從動工開始就怪事不斷，先是塌方，後來工人們在用鑽桿探測的時候，孔洞裡又莫名其妙地噴出刺鼻的氣體。有人大膽拿火種在洞口試了一下，結果竄出一道藍色的火焰⋯⋯

接到消息的湖南省博物館工作人員立刻意識到，這裡埋藏著一座火坑墓！於是，西元一九七二年一月，一場大規模的考古發掘活動開始了⋯⋯正是這次考古，讓原本默默無聞的馬王堆聞名於世。

接下來的發掘更讓人瞠目結舌：先是在用於封閉墓葬的白膏泥中發現了綠葉和黃綠色的顏色如新的竹筐；後來在清除封土之後，人們在深達二十公尺、漏斗形的墓穴中發現了一口四公尺長、近兩公尺高的巨大棺槨！打開槨蓋，人們在第一層和第二層槨的淤泥中發現了嶄新如初的隨葬物品！時間彷彿在這座墓葬中停止了，永遠定格在了下葬的那一刻！

不僅如此，當人們打開擺放在槨壁之間作為隨葬物的漆盒的時候，意外地發現了藕片和桃子！它們看起來就像是剛放進去一樣新鮮如初，可是一接觸到外界空氣，就立即化成了水。

槨就是套棺，也就是最外面的那層「大棺材」。「槨」字是從「郭」字引申來的。「郭」就是外城，相應地，「槨」就外棺。古代葬制規定，墓主身分不同，所用的棺槨層數也不同，身分越高，棺槨層數越多。周代規定天子棺槨四重，荀子認為天子應七層，諸侯五層，大夫三層，士兩層。此外，隨葬衣衾的多少、棺木的厚度、上面的裝飾以及陪葬品的多少等都有嚴格的等級規定。超過了這個規定，就是「逾制」。

馬王堆漢墓的棺槨共有四層，這四層棺槨越往裡越精美：最外層是沉重厚實的大木槨，塗有黑漆，無裝飾；第二層是黑底彩繪；第三層是朱底彩繪；最後一層是內棺，也就是裝殮死者屍體的棺材，黑底，用錦繡等絲織品裝飾。

開啟內棺後，考古人員發現，裡面有一大捆色彩鮮豔的絲織品，用帶子捆紮著，墓主人就包裹在裡面。由於年深日久，加上出土後的氧化作用，外面的絲織品已經變得像豆腐一樣難以剝離。考古人員絞盡腦汁，用盡各種辦法，還是花了整整一週的時間，才把包裹屍體的絲織品剝離開來。

這些絲織品包括墓主四季所穿的衣物共二十件。剝開重重衣物後，墓主人的真面目終於露了出來：她就像剛剛下葬一樣，膚色近於活人，皮膚和肌肉尚有彈性，按下去還能恢復；部分關節還沒有僵硬，尚能活動；在注射防腐劑的時候，皮膚組織還能微微鼓起，就像新鮮的屍體一樣。

屍體出土後，並沒有得到及時地防腐處理。加上屍體下葬的年代太久，而且考古人員剝離屍體身上的衣物也花了不少時間，這時屍體已經出現了一定程度的腐爛，受到體內腐氣膨脹的作用，屍體的眼睛開始努出，舌頭也鼓出口外，整具屍體開始散發出難聞的氣味。

千年女屍的出土受到了高度關注，後來博物館、醫院等相關單位對屍體的防腐保存和解剖研究工作都謹慎不已。

某醫院接受了這個解剖任務，這次解剖幾乎動員了全院的所有科室。研究發現，死者的腦部並無病變，但患有嚴重的冠心病和動脈粥狀硬化，而且膽管內也發現了結石，消化器官包括食道內還發現了大量的甜瓜子，說明死者臨死前曾食用過大量甜瓜，這就排除了死於慢性疾病的可能性。

醫生們認為，死者的死因是由於食用甜瓜引起膽絞痛，進而引起的心臟冠狀動脈痙攣，由此導致急性心肌缺血而猝死。透過解剖屍體，分析兩千一百年前死者的死因，這在世界醫學史上也是極少見的案例，無疑對醫學的發展具有重要的意義。

解剖過程中還發現死者體內存在血吸蟲卵。其實血吸蟲病早在《黃帝內經》與《千金要方》中就有過記載，馬王堆古屍體內血吸蟲卵的發現印證了古書的記載，這比西元一九〇四年日本學者「最早」發現這種病早了整整兩千年。

早在挖掘一號墓的時候，考古人員就在陪葬品中發現了刻有「妾辛追」字樣的印章。一年後，考古隊在發掘旁邊的二號墓和三號墓的時候，又發現了「長沙丞相」、「軑侯之印」和「利倉」三顆印章，這就為判斷三個墓主人的身分提供了鐵證：三個墓分別是軑侯利倉及其妻兒的墓葬。而馬王堆女屍呢，就是利倉的妻子辛追。他們生活在漢初惠帝前後。

西漢初年，在漢武帝之前的皇上一直是以黃老之術治國，休養生息，倡導節儉。據說漢高祖劉邦在開國之初吸取秦亡的教訓，嚴禁奢侈，曾因為丞相蕭何給他營建的宮室高大華麗而嚴厲斥責他。到了漢文帝的時候這種風氣有增無減，文帝連臣下上書時用來包裹逐漸的「帙」都不捨得丟掉，把他們縫製成帷幕，以示節儉。

事實是否真的如人們所想呢？透過馬王堆漢墓尤其是一號墓的發掘，考古人員發現，辛追夫人的陪葬品主要以日常生活用品為主，種類十分豐富，包括各種做工非常精細的梳妝用品和玩具。

而且，從屍體的解剖情況看，死者身形肥胖且患有冠心病和動脈粥狀硬化，說明生前營養嚴重過剩。據說，後來考古學家們在對漢景帝陽陵周圍的從葬坑進行發掘的時候，除發現了數以千計的木俑和不計其數的陪葬品之外，還發現了數量龐大的、帶有鐐銬的工人遺骨。這一切，都使我們對漢初的「休養生息」和「文景之治」有了新的認識。

在馬王堆出土文物中，最珍貴的還有帛書、帛畫。對於馬王堆漢墓的研究，它們的價值是無法估量的。

收藏是一門博大精深的學問，單是收藏品的種類都無法確數。其中的一些我們現在看發揮來非常另類，這些「另類」的藏品就包括古屍。

古屍也有很多種類，像馬王堆女屍這種保存完好又水分不失的古屍叫做「濕屍」。西元一九九六年，幾個盜墓賊也曾盜掘出戰國時代楚國的一具濕屍，可惜在他們盜墓的時候被破壞了。像木乃伊那樣經過脫水處理的或是像樓蘭女屍那樣自然風乾後屍體水分脫去的屍體叫做「乾屍」。還有一種比較少見的古屍叫做「冰屍」，西元一九九一年在義大利和奧地利邊境上發現的冰人「奧茲」就是最著名的例子。而「沼澤木乃伊」則在北歐國家發現的比較多。

古屍的收藏者既有官方組織，也有私人或其他組織。所謂官方組織，當然是以博物館為主，私人收藏古屍的在中國不多見。

龍的祖先——紅山文化的發現

以上幾次考古發掘的對象都是古墓，而且發掘一開始就是有組織的，歷時相對也比較短；而龍山文化遺址的發掘對象是上古人類居住、生活的遺蹟，當然也包括古墓。從發現到有組織地大規模發掘，其間經歷了近一個世紀的坎坷。

紅山，是位於內蒙古赤峰市英金河畔的一座大山，它的蒙古名字叫「烏蘭哈達」，翻譯成漢語就是「紅色的山峰」，也叫「紅山」，赤峰市就因此山而得名。

「紅山文化」有廣義和狹義之分。狹義上的紅山文化指內蒙古赤峰市以紅山後文化遺址為中心的「紅山文化」，紅山後文化遺址距今已有五千至五千一百年的歷史了。廣義的「紅山文化」實際上是遼河流域新石器文化的總稱，覆蓋面積達二十萬平方公里，時間跨度達兩千年之久。

廣義上的紅山文化包括了興隆窪文化（西元前六千年至西元前五千年）、查海文化（西元前六千年至西元前五千年）、新樂文化（西元前五千三百年至西元前四千八百年）、趙寶溝文化（西元前五千兩百年至西元前四千兩百年）、紅山文化（西元前三千五百年至西元前三千年）等幾個比較大型的文化遺址。

其實，紅山後文化遺址存在的年代在紅山文化中是比較晚的。那麼，為什麼學者們要用「紅山文化」來命名呢？因為紅山後文化遺址是最早為考古學家所關注的，而這些考古學家中最著名的就是梁啟超先生的兒子梁思永先生。

早在西元一九〇〇年代初期，就有日本人、法國人和瑞典人先後到這片流域考察。中國學者考察的最早記錄是在西元一九二〇、一九三〇年代左右，這位中國學者就是梁思永先生。之後直到西元一九七〇年代，有很多批專家前往調查和發掘，也取得了很大的成績。

紅山文化發現與研究的第二階段始自西元一九七〇年代，其標誌就是西元一九七一年內蒙古赤峰市翁牛特旗三星他拉村玉龍的發現。這條玉龍就是舉世聞名的「中華第一龍」，它的發現，使紅山文化開始被世人所知。

紅山文化遺址出土的龍形器物不止一件，最著名的玉器有四件，查海文化遺址還出土了一處龍形堆石。此外，陶器上的龍形紋飾更是舉不勝舉。下面，我們就著重介紹一下最著名的五條龍。

首先就是最著名的「中華第一龍」——三星他拉大玉龍。大玉龍長二十六公分，呈C形，用青綠色的軟玉製成，經過磨光處理，通體圓潤光潔。龍有身無足，龍首像馬頭（也有人說像鹿或鱷魚），唇吻向上翹發揮，甚至嘴角也微微翹發揮；與龍吻相對的另一側是龍鬃，鬃毛渾然一體，末端也向上翹發揮，與龍吻正好相對應；龍尾末端內收。整條龍造型看發揮來非常流暢。

然後是東山嘴遺址出土的雙首龍。所謂雙首龍，就是說龍有兩個頭，這兩個頭正好對稱。龍嘴造型與大玉龍相似，都是唇吻前伸，上唇略翹；不同的是雙首龍的龍嘴略微張開；龍眼呈菱形，身上有紋。

再就是玉豬龍。之所以叫這個名字，是因為玉龍的龍頭像豬（也有人說像熊）。玉豬龍長十五公分，唇吻粗大，與尾部略有相連，形成一個環形，中間有圓形的大孔。相比大玉龍而言，玉豬龍的樣子也粗短得多，不像大玉龍那樣瀟灑流暢。不僅如此，玉豬龍脖項處還鑽有兩個圓孔，便於繫繩，富於實用性。在四條玉龍中，玉豬龍的知名度僅次於大玉龍。

還有在那斯臺遺址發現的玉鷹龍（也有人認為這不是龍，而是鳥）。玉鷹龍顧名思義，就是龍首似鷹，嘴喙大而尖，眼睛大而圓，龍體作蜷曲狀。

此外，在查海文化遺址還出土了一條龍形的堆石。這條石龍呈西南東北走向，龍頭朝西南，龍尾朝東北，石料是就地取材 —— 用紅色花崗岩堆成。石龍的四周是五十多座房屋的遺址，龍頭正對著十多座墓葬，龍尾則緊靠最大的房址，可見地位非同一般。

這種用堆砌的方法擺成龍形的例子，在河南和湖北也有發現，而且時代也相仿 —— 都是距今六千年前。所以有學者認為，堆砌是龍形雕塑早期的普遍用的手法，堆石龍正是三星他拉大玉龍的先祖，也是中國龍的初祖之一。

有人說紅山文化就是龍的文化，但實際上，紅山玉器中的龍形玉器只占少數，鳥形、龜形、蟬形等動物形狀的玉器並不比龍形少。

與前三例考古發掘不同，紅山文化發掘歷時長，範圍大，出土的文物就不可能像前三例那樣，都能由官方用最先進的條件保存下來，很多文物必然會輾轉落入私人或組織手中。這樣，就出現了很多專門收藏紅山文化出土文物的私人收藏家。

也正是因為私人收藏的參與，大量的紅山文物贗品（主要是玉器）也流向了市場，這又引發揮了一項新的收藏學問——專門針對紅山文物的鑑別。而前三例中的文物就不可能有大量贗品出現，因為收藏家們都知道，發掘出的文物都讓博物館保管起來了，不可能流入市面。

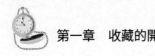

第二章　收藏的歷史

藏家按身分分為官藏和私藏兩種。在古代，皇帝是一個國家的最高統治者，「普天之下，莫非王土」，天下的一切都可以看成是皇帝的私人財產。所以，官藏和皇帝的私藏基本上是可以畫等號的。收藏又被看作是一件風雅事，因此，傳統的私人收藏就和文人墨客結下了不解之緣。本章要記述的就是發生在皇帝和文人墨客身上的收藏趣事。

第一節　後來視今猶視昔，過眼百世如風燈——古代帝王的收藏故事

正因為有至高無上的權力作後盾，皇帝的收藏往往在藏品的數量和品質上都是無與倫比的。收藏是一種風雅，歷代皇帝中也不乏風雅之士，他們的收藏在古代收藏史上都很有影響。

蕭繹焚書

歷代君王中以文采風流著稱的不少，其中著名的莫過於魏晉南北朝時期的三國魏曹氏「三曹」——曹操、曹丕、曹植，和南朝梁蕭氏「四蕭」——梁武帝蕭衍和他的三個兒子蕭統、蕭綱、蕭繹，而其中和收藏關係最密切的應該屬「四蕭」之一的梁元帝蕭繹了。

提到蕭繹，後人對他評價不一：有人說他是「江陵焚書」的

主謀，是中國藏書史上的大罪人；有人說他詩文書畫絕妙，是文學史和藝術史上不可多得的人才。甚至就連「二十四史」中的《梁書》和《南史》對他的評價也不盡相同。

蕭繹（西元五百〇八至五百五十四年），字世誠，是梁武帝蕭衍的第七子，小字七符，自號金樓子。

他自幼聰慧，記憶力過人。五歲的時候，有一次他的父親梁武帝蕭衍問他：「你現在在讀什麼書？」他回答說：「在讀《曲禮》。」蕭衍說：「那你就講講《曲禮》吧。」他當即毫不思索地把《曲禮》上半部背了出來，在場的人無不驚駭。

蕭繹不僅聰明，還嗜好讀書。他出生的時候患有眼疾，其父蕭衍沒有重視，治療不力，蕭繹一隻眼睛因此失明。蕭衍覺得愧對兒子，因此對他更加疼愛。但蕭繹並沒有因此消沉，反而更加努力地讀書。

因為眼目不便，蕭繹讀書一般不自己執卷閱讀，而是派幾個隨從在旁邊朗讀，晝夜不息。即使睡著了，也不肯放棄讀書。到了夜裡，他就讓五個人輪流值班朗讀，一人一個時辰。有時候左右實在太累偷懶或是讀錯了，他即使在睡夢中也能驚醒，並對他們施以嚴懲，勒令重讀，嗜好讀書甚至到了如痴如狂、不近人情的地步。

他無所不讀，甚至兵法、卜筮類的書也爛熟於心。他曾經自詡「我韜於文士，愧於武夫」，意思是說「我的學問可以使文士失色，武夫慚愧」，人們也認為他說的並不過分。可見他學問之廣博了。

他不僅愛讀書，還愛藏書。南朝時期以梁朝的藏書事業最為發達，這與蕭繹的努力是分不開的。據史料記載，梁朝時曾發生過侯景之亂，蕭繹在平亂的時候，搶回侯景掠去的各類藏書共七萬余卷，並運到江陵妥為保管。

他即位之後，並沒有返都建康，而是把江陵作為據點繼續經營。他的《金樓子．聚書篇》中說，他自幼就有收集藏書的喜好，終其一生，他都在不斷透過各種途徑收集藏書。他自稱「自聚書來四十年，得書八萬卷，河間之侔漢室，頗謂過之矣」，並不誇張。到了在江陵被圍的時候，他的藏書已經達到十四萬卷之多。

另外，蕭繹的博學在中國古代帝王中也是首屈一指的。據《南史》記載，他的著作情況如下：

《孝德傳》與《忠臣傳》各三十卷，《丹陽尹傳》十卷，《注漢書》一百十五卷，《周易講疏》十卷，《內典博要》百卷，《連山》三十卷、《詞林》三卷，《玉韜》、《金樓子》與《補闕子》各十卷，《老子講疏》四卷，《懷舊傳》二卷，《古今全德志》、《荊南地記》、《貢職圖》與《古今同姓名錄》各一卷，《筮經》十二卷，《式贊》三卷，《文集》五十卷。

著述之豐、水準之高，就連專業學者都不遑多讓。其中最著名的《金樓子．立言篇》是文學研究的必讀之書。

蕭繹愛好廣泛且多才多藝，書畫詩文樣樣精通。他的人物畫，尤其是畫佛，以及畫鹿鶴等動物，還有風景畫都很有功底。早年，他父親梁武帝蕭衍好佛，他就畫了一幅《聖僧像》獻給蕭衍，蕭衍十分高興，親自為之題識；還畫有《宣尼像》，並自題讚詞，後人把這幅畫中的畫、字和讚詞稱為「三絕」。

他的代表作品是知荊州時畫的《番客入朝圖》，現在一般認為《職貢圖》即是《番客入朝圖》，描繪了二十五國使臣來梁朝朝覲的圖景。現在我們所見的《職貢圖》是宋人摹本的殘卷，僅剩十二人。圖中人物均面向左站立，身後用楷書書寫國名、地理位置、歷史概況、交往情況及貢品等訊息。使者的國家自右至左分別為：滑國、波斯、百濟、龜茲、倭國、狼牙修、鄧至、周古柯、呵跋檀、胡密丹、白題、末國等。

不僅如此，蕭繹好詩成癖，兵臨城下都不忘作詩，甚至被囚期間還寫了四首詩，他的詩文風格綺麗，題材上也有所創新，在文學史上很有名氣。

蕭繹雖然「不好聲色」、聰穎好學、多才多藝，但為人殘酷猜忌、嫉賢妒能，治國乏術卻剛愎自用。即位之後對同宗大肆殺戮，甚至連妻兒都不放過，終於自毀長城；對才學名聲超過自己的人不惜羅織罪名，構陷殺害；困守江陵四面受兵之地而不知道變通，對前來勤王的臣子給予冷遇……終於在西元五百五十四年，江陵城被西魏軍隊攻陷，蕭繹本人也被俘。

在江陵城陷落前夕，蕭繹走投無路，自知不能倖免。絕望之下，把江陵城所有藏書和書畫藏品共計二十四萬餘卷（其中書籍十四萬卷）全部焚毀，又欲自焚，被左右制止，只好投降西魏。魏人問他為什麼要焚書，他回答說：「我讀書破萬卷，猶有今日，書有什麼用呢？」

隋代牛弘在回顧歷代藏書史的時候，把蕭繹焚書與秦始皇焚書、王莽之變、董卓之亂、西晉末的懷惠之亂並稱為藏書史的「五厄」。

儘管蕭繹在古代收藏史、文學史、藝術史上都作出過傑出貢獻，但這些遠遠不能彌補焚書對中國文化史上造成的災難性破壞。

李世民與《蘭亭序》

自秦始皇始稱皇帝到清宣統帝退位，中國歷史上出現的皇帝總共有二三百位。說到其中的有道明君，人們最熟知的莫過於秦皇漢武、唐宗宋祖。「唐宗」就是唐太宗李世民。

李世民（西元五百九十九至六百四十九年）是唐代第二位皇帝，也是中國歷史上少有的既有雄才大略，又文治武功兼備的皇帝。不僅如此，他還酷愛書法。即位之後，他開始透過頒發詔書、重金求購等各種途徑收集歷代名家字帖，為臨摹學習之用。這些書帖之中，最多的就是李世民最為推崇的、後人稱為「書聖」的王羲之的作品。

經李世民提倡，全國興發了蒐購獻書之風。據記載，最後收集到的王羲之書法有楷書、行書近三百紙，草書兩千紙。他命人把這些字帖裝訂成卷，每卷都印上「貞觀」字樣作為標記，共計幾百卷。

有了這麼多名家字帖，按理說李世民應當滿足了。可是他最喜歡的，也是王羲之墨寶中水平最高的《蘭亭序》一直搜求不到，這使他感到十分遺憾。

王羲之字逸少，出身東晉大家士族，做過東晉的「右軍將軍」，所以後人又尊稱他為「王右軍」。王羲之為人不慕名利，喜歡縱情山水，結交名流。

東晉穆帝永和九年三月三日，王羲之和當時名流孫綽、孫統等四十一人到會稽山修禊（當時的一種禮俗，於每年三月上巳，到東流水中洗濯祓祀，以驅除不祥）。文人雅聚，當然少不了要吟詩。他們規定每人作詩四五言各一首，共成詩三十七首，並把這些詩結成集子，稱為「蘭亭詩」，由王羲之作序。當天王羲之心情暢快，欣然應允，用鼠鬚筆在蠶繭紙上寫下了這篇《蘭亭序》。

《蘭亭序》全文共二十八行，三百二十四字。文字上造詣很高，有人曾拿《蘭亭序》與石崇的《金谷詩序》相提並論，王羲之聽說後非常高興；書法上的成就更高，全文用行書寫成，筆力遒媚勁健，相同字形絕無重複，其中二十餘個「之」字形態各異，可謂空前絕後。後人推之為「天下第一行書」。

李世民派人四處探訪，才打聽到《蘭亭序》的下落。原來《蘭亭序》寫成後，王羲之覺得它是文稿，有塗抹改動痕跡，就打算重新謄寫一份。結果謄寫了幾十遍，自覺不如原稿寫得好，以為有神相助。後來就把它作為傳家之寶留給後世子孫，最後流落到第七世孫、書法家僧智永手裡。智永去世後，他的徒弟辯才就在房梁上鑿了個洞，把它十分珍惜地收藏起來，祕不示人。

太宗獲得情報後，就派人把辯才召到京城，給他各種優待，軟硬兼施，套問《蘭亭序》的下落。辯才一口咬定，智永死後，《蘭亭序》毀於戰火之中。太宗無法，只好把他放回去。後來經過再次探查，認定《蘭亭序》就在辯才手上，就再次把辯才召到京城。再三追問之下，辯才仍然不吐真情，只好又把他放回去。如此反覆三次，辯才還是堅持隱匿不交。

太宗求之不得，吃喝不下。這時候房玄齡給他出了個主意：監察御史蕭翼為人足智多謀，而且擅長書法，如果派他前去尋取，必然手到擒來。太宗大悅，召來蕭翼問話。蕭翼說：「如果以公家身分去取，肯定無所獲；但如果以私人身分去，再帶上幾張右軍真跡，就有把握拿到手。」太宗依言給了蕭翼幾幅王羲之真跡，讓他便宜行事。

於是蕭翼扮作一個落魄書生，到了辯才所在的越州永興寺。進寺之後，蕭翼裝作遊賞的書生，來到辯才門前。辯才一見蕭翼氣質不俗，知道是滿腹才學之人，就主動上前攀談。

蕭翼見機行事，跟辯才談古論今，講經說史，吟詩唱和，聊得十分投緣。不過才十幾天，兩人就混得如同故交好友一般。蕭翼看辯才再無防範之心，就把話題轉到了書法上。蕭翼稱自己的先輩都學過二王書法，現在自己身上也攜有幾幅真跡，視為至寶。辯才也是愛好書法的人，一聽有二王真跡，就請蕭翼帶來觀看。

第二天，蕭翼帶著梁元帝蕭繹的《職貢圖》和王羲之的幾幅真跡去造訪辯才。言語之間對這幾幅作品極為推重，辯才表示不以為然，告訴蕭翼自己還有比這些更好的作品，就是《蘭亭序》。蕭翼不信，並以言語相激。辯才不知是計，就把珍藏的《蘭亭序》拿出來給蕭翼看。蕭翼見後心中大喜，表面卻不露聲色。看了一會，蕭翼指著幾處瑕疵給辯才看，並故意說辯才所藏《蘭亭序》為贗品。辯才見蕭翼說得有根有據，就信以為真，對《蘭亭序》也就不再像以前那麼珍視了，不再把它藏在梁上。

過了一陣子，蕭翼趁辯才不在寺裡的時候，趁機盜走了《蘭亭序》。盜帖之後，蕭翼急忙把《蘭亭序》連同以前太宗交給他的那幾幅真跡一併送到驛站，以欽差的身分命令召見當地都督齊善行，說明原委。然後把辯才找來問罪。辯才一見蕭翼，知道上了當，又驚又怒，當時就昏了過去。

稍事整頓，蕭翼便從驛站出發，快馬加鞭地把書帖送往京城。太宗見帖大悅，加封蕭翼為員外郎，並賞賜他大批珍寶良田；房玄齡因為舉薦有功，獲賞錦彩千匹。至於辯才呢，太宗開始惱怒他隱匿欺君，後來看在他年紀高邁的份上網開一面，數月後又賞賜了他大批財物，以示安撫。辯才失去《蘭亭序》，欺君的事又被發覺，心裡恐慌，過了一年多就死了。《蘭亭序》從此常伴太宗左右。

為了讓諸皇子們都能受到薰陶，太宗命令馮承素等各自臨摹了幾本賜給皇子們。不僅如此，太宗手下當時最著名的書法家如褚遂良、歐陽詢等都曾臨摹過《蘭亭序》。

太宗臨死前，對太子李治說：「我想從你那裡求取一物，給我陪葬。你是孝子，能不能滿足我這個要求呢？」李治痛哭流涕，把耳朵貼近了聽命。只聽太宗說：「我只想要《蘭亭序》，你就拿它去給我陪葬吧。」李治奉命照辦。後來世上流傳的都是摹本，儘管是摹本，在當時也值數萬元。現在我們看到的最通行的本子就是馮承素摹本，這也是各臨摹本中公認最接近原作的版本。

到了五代的時候，後梁的溫韜趁戰亂發掘了唐太宗的昭陵，盜取了其中的金寶珠玉和大量鐘繇、王羲之真跡。掘開的時候，字帖紙墨都還像新的一樣。這些字帖中有沒有《蘭亭序》，史書上沒有提，就不得而知了。溫韜是個老粗，根本不懂何謂書法，只是把裝裱用的綢子撕了下來，真正有價值的字帖反而被丟棄。這樣一來，被他毀掉的真跡不在少數，但其中一部分也得以流傳民間。

盜過昭陵之後，溫韜又想盜高宗和武則天的合葬墓——乾陵，但偏巧風雨大作，溫韜做賊心虛，最終也沒膽量發掘。直到現在，乾陵仍是歷代王陵裡極少沒有遭到過大規模盜掘的王陵。很多人推測，既然史料沒記載《蘭亭序》被盜出，是不是李治沒有把《蘭亭序》陪葬昭陵，而是把它葬在了自己的乾陵裡了呢？

這個謎底就需求考古學家們來為我們揭開了。

徽宗「三寶」：書畫、道藏和「花石綱」

歷代帝王中，若論藝術素養和成就最高，應該首推宋徽宗趙佶。

徽宗趙佶（西元一〇八二至一一三五年）是宋朝的第八位皇帝，是宋神宗的第十一個兒子，哲宗的弟弟。中國古代的世襲制不外乎兩種：一是父死子繼，一是兄終弟及。徽宗的即位就屬於後一種，因哲宗一生沒有子嗣，死後就由弟弟趙佶繼位。

徽宗與大多數的王公子弟一樣，「生於深宮之中，長於婦人之手」，根本不知祖先之艱難，更不知道民間疾苦為何物。他自幼就酷愛書畫、花石、蹴鞠、修仙學道、馴養飛禽走獸等等娛樂，是個典型的紈絝子弟。

有愛好就有收藏，尤其是掌握天下大權的皇帝，收藏發揮來就更方便了。宋徽宗的收藏最有名三類是：書畫、書籍（尤其是道家書籍）、花石。

首先是書畫。宋徽宗本人不僅愛好書畫，而且有很高的天賦和造詣。史料記載說宋徽宗「萬幾之暇，唯好書畫」，「徽宗皇帝臨御日久，海內無事，唯不忘翰墨之事」，由於練習書畫不輟，以至於周圍的人對他的書畫都非常了解，「見者知其為御畫也」。

他的書畫造詣高，不僅因為他練習得勤，還在於他創作時極為嚴謹的態度。有一次徽宗建造了一座龍德殿。建成後，他就讓宮廷畫家們在屏風上作畫。徽宗看完他們的作品，不置可否，唯獨對殿前走廊上的一幅月季花連連稱賞。後來得知是一位少年新進所畫，徽宗十分高興，命人厚賞了他。左右不解其意，徽宗解釋說：「百花之中月季花最為難畫，因為它的枝葉花蕊都隨四季甚至時辰變化而呈現出不同的姿態。這幅畫畫的是春天中午的月季，畫得與實際一般，說明這位畫家觀察仔細，所以厚賞他。」

還有一次，徽宗命人從南方移植了幾棵荔枝樹，種到宣和殿前。荔枝在北方難以存活，沒想到這次居然開了花，還結出了纍纍果實，這時恰巧有只孔雀飛到樹下嬉戲玩耍，徽宗很高興，以為是祥瑞之兆，就命宮廷畫家畫下這個場景。眾畫家為了在皇帝面前表現，各盡所能，畫得華彩燦然、栩栩如生。誰知道徽宗看了卻搖搖頭說：「不好！不好！」眾畫師惶恐不安地問徽宗為什麼不好。徽宗說：「孔雀要高飛之前，必然先邁左腿。你們畫的都是先邁右腿，說明觀察得還不仔細。」眾畫師聽了，既驚且愧，嘆服不已。

徽宗在書畫史上的地位非常重要：他創造了「瘦金體」書法，這種字體飄逸勁健，張弛有度，既張揚又不乏內斂，在當時堪稱獨步；他還把繪畫納入科舉制度，並把自己的獨到見解作為判定繪畫好壞的標準，這對宋代及以後繪畫重神似、重意境的風格，造成了巨大的推動作用；他自己也創作了大量繪畫作品，如《瑞鶴圖》、《芙蓉錦雞圖》、《聽琴圖》等，這些連同他的書法作品，都是後代收藏家熱衷收藏的精品；他還開創了畫、詩、書、鈐印於一體的繪畫布局模式，為後代書畫家爭相效法。

北宋皇帝都雅好書畫，宮廷的「翰林書畫院」一直被悉心經營著，到徽宗時已有百年歷史。其中收藏的字畫遠遠超過以往各朝各代，總量達幾萬件之多。徽宗時，「翰林書畫院」收藏規模更勝往昔，史料稱「祕府之藏，充牣填溢，百倍前朝」。這話雖然說得有些誇張，但是也充分反映了徽宗在書畫收藏方面的確做了不少貢獻。

為了便於載錄和查閱宮廷收藏的歷代書法繪畫作品，徽宗命人編纂了《宣和書譜》和《宣和畫譜》兩部書。《書譜》按帝王和字體分類，每類前有序論，總結該字體的淵源、發展情況及歷代知名書家，最後列上內府藏品目錄；《畫譜》體制略同，只是分類上按繪畫內容分成十類，然後分類介紹。兩書共四十卷，載有書畫作品八千餘件，對後人研究宋以前的書畫史提供了大量史料。

除古人字畫外，徽宗本人的御製書畫和宋代名家書畫也被他大量收藏，徽宗命人把這些作品總共一千五百多件，集為一百帙，分成十四門，命名為《宣和睿覽集》。這種分門別類地結集收藏，無論是規模上還是科學性上，都遠遠超過了以往。其中最著名的兩件就是張擇端的《清明上河圖》和王希孟的《千里江山圖》。

張擇端是徽宗時期翰林書畫院的畫師，這幅畫完成後就被獻給了徽宗。據明人李東陽記載，徽宗曾在畫卷前頭用「瘦金體」題寫「清明上河圖」五個大字，並押簽了雙龍鈐印。據說，這是《清明上河圖》第一次被收藏並鈐印。現在徽宗的題名和鈐印均已不存，學者認為是後人為牟利而將該部分截取了。

由於徽宗在哲宗眾弟兄中並非長者，這在奉行嫡長子繼承製的古代是非常不利的，而且徽宗少有浮浪之名。所以登基的時候，著實經歷了一番周折。幸虧神宗的皇后向氏力排眾議，徽宗才得以繼位。徽宗感念向氏恩德，就把《清明上河圖》賜給了向氏的弟弟向宗回，作為答謝。

相比《清明上河圖》，王希孟的《千里江山圖》更受徽宗賞識。因為前者格局氣派不及後者，而且偏於寫實，與宋徽宗重寫意的繪畫主張不太符合。

王希孟原是宮廷畫學——徽宗時設立的繪畫專業學校裡的學生，十八歲時受召入大內文書庫。王希孟曾多次向徽宗進獻自己的作品，徽宗都不太滿意。但是徽宗看出王希孟很有繪畫天賦，就親自指導他。半年之後，王希孟畫技大進，創作了這幅《千里江山圖》進獻給徽宗。徽宗覽畢大悅，對這幅畫十分滿意，就賞賜給了寵臣蔡京，以此勉勵蔡京「天下事皆可作」。王希孟因為作畫辛苦，耗盡心血，不久就去世了。後來這幅畫又流落到南宋內府，一直傳到現在。

北宋重文輕武，對書籍的收藏和印刷傳播尤為用心。宋代好幾位皇帝都信奉道教，宋徽宗尤為突出。即位之初，他就命令各地徵獻收集道家書籍，又命道士校訂道教經典——《崇寧重校道藏》凡五千三百八十七卷；後來詔令天下進獻道書，使道教藏書增加到五千四百八十一卷。此外，他還設立了專門的校訂機構，命道士王道堅、元妙宗等負責校訂，校訂完畢後送到福州閩縣雕版印刷，由知州黃裳負責監督。這部書就是著名的《政和萬壽道藏》，簡稱《萬壽道藏》。

徽宗還有一項著名的收藏，就是奇花異石，其中最有名的是《水滸傳》中提到的臭名昭著的「花石綱」。常看歷史演義小說的人對「花石綱」、「生辰綱」之類的字眼都不陌生，那麼什麼叫做「綱」呢？

「綱」是宋代運送物資的一個計量單位 —— 運送馬匹的叫「馬綱」，五十匹馬為一「綱」；運送糧食的叫「米餉綱」，一萬石為一「綱」；運送奇花異石的就叫「花石綱」，十船為一「綱」。

其實「花石綱」的名目早在宋代的第三個皇帝 —— 真宗的時候就有了。「花石綱」跟「祥瑞」的作用一樣，都是為了粉飾太平、掩蓋虛弱、自欺欺人。「花石綱」包括各地珍稀樹木花卉和奇石，比如太湖石、慈溪石、荔枝、龍眼、文竹等。很多「花石綱」產在高山絕地，百姓不得不冒著生命危險去挖，死在這上面的人不計其數。而且，進貢「花石綱」的地區包括東南各州府一直到廣州，所過之處略有阻礙，無論民房、城郭、墓地，一律拆毀，鬧得很多百姓流離失所，家破人亡。

到了徽宗時候，徵集和貢獻「花石綱」更是變本加厲。徽宗愛「花石綱」愛到了變態的地步：有一次地方進獻了一塊靈璧石，運到京師後，發現城門太小，不能容石頭通過。徽宗就命人拆毀城門。石頭運進城後，徽宗見了大喜，賜名「卿雲萬態奇峰」；還有一次地方進獻了一塊百人不能合抱的太湖石，徽宗見後大喜過望，竟然封石頭為「盤固侯」……地方官員趁機溜鬚拍馬，拚命尋找花石。為了運送「花石綱」，大量商船、糧船被徵用，嚴重阻礙了國計民生。

《水滸傳》中的楊志正是「花石綱」的受害者，他因為運送「花石綱」的船沉沒在黃河而戴罪逃亡，後來又經歷一系列波折，最終被逼上梁山的。儘管小說不是史實，但當時像楊志一樣深受「花石綱」之害的人數不勝數。

「第一頑主」乾隆皇帝的收藏

乾隆皇帝生於西元一七一一年，卒於西元一七九九年，是中國歷史上最高壽的皇帝。在位前期乾隆勵精圖治，將「康乾盛世」推到了頂峰；晚年好大喜功，對外征伐不休，對內六次南巡，大規模組織編書、收集文玩字畫等活動，把以前積攢下的家底花得所剩無幾。

乾隆帝的收藏種類之多超過了宋徽宗，值得一提的有如下幾件事。

首先是書籍的收藏和編纂。乾隆皇帝一生，在藏書編書上發起的活動就有好幾次，最有名的就是《四庫全書》的編纂。

《四庫全書》是中國古代最大的叢書。「四庫」，就是經、史、子、集四大部類——「經」指儒家經典，「史」指各種史書、方志，「子」就是除儒家外各家學派的書，「集」就是各種文集及彙編類書籍；「全書」，就是把多種書籍完整地按照一定的分類原則編排到一起，這與類書部分地摘錄原書不同。

與《四庫全書》編纂的過程伴隨著發生的，是乾隆朝大興文字獄。據記載，為了編纂《四庫全書》，乾隆皇帝下令從全國各地徵集各方面的書籍，收上來一萬多種圖書，但編成後只收錄了三千五百餘種，餘下的絕大部分都作為「禁書」通通銷毀了。從這種意義上說，《四庫全書》的編纂可謂「功不補患」，這也是《四庫全書》為後人詬病的所在。

編成後的《四庫全書》共收錄書籍三千五百餘種，近八萬卷，裝訂成三萬六千多冊，抄錄七份，分別藏在故宮的文淵閣、瀋陽的文溯閣、避暑山莊的文津閣、杭州西湖聖因寺的文瀾閣、圓明園的文源閣、揚州的文匯閣和鎮江金山寺的文宗閣。由於抄錄的份數比較多，而且分藏各地，再加上近代藏書家的大力保護，儘管有幾份被毀，我們今天見到的《四庫全書》還是比較完整的。

乾隆皇帝在書畫收藏方面下的功夫並不比宋徽宗少，在他的號令下，全國曾一度掀發揮書畫買賣徵獻的熱潮，這在整個中國歷史上也是不多見的。與他的父親雍正皇帝一樣，乾隆皇帝對漢族文化特別熱衷，經常把自己裝扮成古代漢族士子，著漢服焚香鼓琴，吟詩作賦、賞玩書畫金石。

乾隆最有名的收藏是「三希堂法帖」。乾隆皇帝酷愛書法，曾幾次下令在全國徵集歷代名家書法，其中他最喜歡的就是王羲之的書法。所謂「三希堂」的「三希」，即「三件稀世之寶」，這三件稀世之寶都出自東晉王氏之手，分別是：王羲之的《快雪時晴帖》、王獻之的《中秋帖》和王珣的《伯遠帖》。這三件書法作品，被乾隆皇帝視為自己所有藏品中的無上至寶，辟專室收藏。而這個收藏室就被命名為「三希堂」。

「三希堂」位於故宮養心殿西暖閣，面積僅數平方公尺，布置得卻極為雅緻，匾額和「身心托豪素，懷抱觀古今」的對聯都是乾隆皇帝親自題寫的，可見他對這間雅室的鍾愛。在王羲之的《快雪時晴帖》之後，他題寫了「天下無雙，古今相對」的評語；在王獻之的《中秋帖》之後，他題的是「龍跳山門，虎躍鳳閣」，珍愛之情躍然紙上。

在古蹟字畫上題字鈐印，是乾隆的一大愛好，有的甚至題到空白皆滿、無處下筆為止。有人說這是一種破壞的自私行為；也有人認為這種做法無傷大雅，不影響原作價值。我們認為，像金庸先生在《書劍恩仇錄》裡說乾隆題字是「作踐山水，唐突景勝」，固然苛刻了些，但隨意在書畫文物上題寫鈐印，的確是一種不尊重古代文化遺產的行為。

為了方便取閱賞玩，乾隆曾命張照、勵宗萬等人編纂了《祕殿珠林》和《石渠寶笈》兩部書。這是兩部著錄收藏宮廷書畫的目錄著作，收錄宮廷書畫無數，保存了豐富的材料，至今對後人研究書畫史、書畫鑒定和流傳考證仍有重要意義。這兩部書無論在編纂目的還是意義上，都可以與宋徽宗時的《宣和書譜》和《宣和畫譜》相提並論。

不僅如此，康雍乾三朝尤其是乾隆時期，重用義大利人郎世寧為宮廷畫家，用西方繪畫技法創作了大量作品，對推進中西繪畫藝術融匯結合造成了重要的作用。

乾隆皇帝自己在書法和繪畫上也有一定造詣，他本人的作品為眾多藏家所喜愛。

有人說，乾隆皇帝是當時最大的「頑主」，這話不無道理。乾隆皇帝喜愛收藏的物件種類繁多，瓷器、玉器、木雕、鼻煙壺等都是他平時喜歡把玩的東西。

為了可以隨時欣賞和把玩藏品，他曾命人打造了很多「多寶格」。這些多寶格設計得非常精妙，真正實現了用最小的空間，容納最多的東西。據說，一件長寬各三十公分、高十六公分的多寶格，竟然可以容納下四十七件「珍寶」。這些存放在多寶格里的珍寶，都是精挑細選出來的最名貴的「珍寶」。次一等的藏品則被放在「百什件」或「萬寶箱」裡。

有的多寶格還設計有開合機關，而且機關隱藏得極為隱蔽，環環相扣，不知情者即使取到了手，也是絕對打不開的。

多寶格不僅設計精巧，而且做工也極為精細。有的多寶格中每個格子都用來盛放專門的物品，於是盒底就按物品的形狀刻出凹槽，這樣物品就可以嵌進去，不會因劇烈晃動而受到損傷。

有一件名為「竹絲纏枝花卉紋多寶格圓盒」的多寶格的設計就頗具特色：它把圓筒形盒分成四個扇面，這四個扇面邊緣用機軸相連。一字打開的時候呈屏風形狀，翻轉一圈則圍成一個正方形筒狀盒子。每個扇面又被分成數層，可以容納更多的小物件。

多寶格被人們戲稱為「皇帝的玩具箱」，這個說法很是貼切。多寶格雖不是乾隆皇帝首創，但無論從數量上還是品質上，乾隆時的多寶格都最具代表性。

收藏固然是怡心悅性、陶冶情操的風雅事，但凡事都要有度，更要認清自己的角色。如果因為收藏荒廢了事業，那就是玩物喪志了。

身為皇帝，宋徽宗顯然不明白「天子一跬步，事關民命」的道理，一味玩物喪志。雖然說過分愛好收藏並不是導致北宋滅亡的唯一原因，但無疑是重要原因之一。徽宗害得自己被囚黃龍、坐井觀天，還坑害了無數軍民百姓，為後人所譴責。

相比之下，乾隆皇帝要好得多，他雖玩物，但還不至於喪志。他在位期間屢次平定叛亂，建了不少功業；將「康乾盛世」

推向頂峰，也算造福百姓。但是他的好大喜功和「頑主」作風，卻大大損耗了清朝的國力。到了嘉慶的時候，清朝已經空有天朝虛名，而實則危機重重了。

第二節　一生當著幾兩屐，定心肯為微物起——古代文人的收藏故事

有的收藏學家說，收藏是一門「雅玩」，此話說得很精到。尤其在古代社會，收藏是身分的象徵，更是文化品位和素養的體現。對文人騷客來說，周彝漢鼎、文房四寶、書畫玉器與詩書一樣，都是風雅的象徵，這也正是唐太宗、宋徽宗等皇帝喜歡收藏書畫文玩的原因之一。在中國古代歷史上，很多著名文人也喜歡收藏，他們的收藏趣事一直流傳至今。

蘇軾的墨硯收藏

在中國歷史上，蘇軾是人們最熟悉的大文豪之一。他與他的父親蘇洵、弟弟蘇轍被人們合稱為「三蘇」，父子三人與唐代的韓愈和柳宗元，宋代的曾鞏、王安石、歐陽修，又並稱「唐宋八大家」。「三蘇」是文學史上大名鼎鼎的文學家族。

在「三蘇」中，又以蘇軾的成就最大、名氣最響。蘇軾在文學方面的成就是盡人皆知的，不僅如此，他的書法、繪畫造詣

也獨步一時，尤其是他的書法，與黃庭堅、米芾、蔡襄並稱「宋四家」。對書畫鍾愛的人很少有不喜歡文房四寶的，蘇軾也是這樣的人。他在墨和硯臺方面的收藏花了不少心血，還留下了不少膾炙人口的佳話。

蘇軾對墨的收藏十分痴迷，幾乎碰到好墨就要千方百計收為己有。他的學生黃庭堅也是當時著名的書法家，前去向黃庭堅求字的人絡繹不絕。求字就難免會送些「潤筆」，大家都知道黃庭堅喜歡好紙和名墨，「潤筆」裡當然也少不了這些。日久天長，黃庭堅的錦囊裡就積存了不少上好的墨塊。有一次，黃庭堅帶著儲墨的錦囊去蘇軾家拜訪，蘇軾看見錦囊，知道裡面盛滿了好墨，就一把奪過去翻看。翻到當時著名制墨大師李承晏製造的半塊墨，蘇軾就向黃庭堅討取。黃庭堅也愛墨如命，推辭不想給他。蘇軾就笑著對黃庭堅說：「你們這些孩子就是對外人大方，對自己人小氣。」說完就一把奪了過去。

這當然不是說蘇軾以大欺小，為師不尊。這種事在「蘇門」中經常發生，不僅老師對學生毫無架子，學生對老師也從不拘謹。

蘇軾不光愛收集墨，也曾多次嘗試自己做墨，既找到了一些做墨的竅門，也鬧出了不少笑話。簡單地說，墨的製作就是把點燃的松枝等燃料冒出的煙（碳微粒）用器物承接積累，就像積攢鍋底灰一樣，然後用膠調和凝固。起初蘇軾很不理解為什麼松煙做的墨特別的黑，而油墨做出來的就不夠黑。於是他反覆實驗，最後終於明白了：原來承接松煙灰的時候離火源較遠，煙灰不容易被燃燒；而承接油煙的時候離火源較近，容易把承接來的煙灰燃燒成白灰，這樣顏色自然就淺了。後來他想了一個好辦法，把承上來的煙灰一邊掃一邊承，這樣煙灰就不會被燃燒掉了，做成的墨也特別的黑。

後來，蘇軾被貶到瓊州，就是現在的海南。那時候海南非常落後，即便是一州之長，也過得極為清苦。不過，天生樂觀曠達的蘇軾沒有因此消沉，他對墨的喜好也不減絲毫。有一次，他結識了一個叫潘衡的賣墨人，兩人聊得十分投緣。蘇軾就把他請到家裡，請教如何做墨。說到激動處，兩個人親自動手，砌了一個墨灶，收集了一大堆松枝，開始做墨。第一次墨灶做得不太合理，儘管收集了很多墨，品質卻不滿意。後來他們把墨灶改造了一下，果然效果好了很多。但是由於一時不慎，一天夜裡墨灶裡的火竄了出來，點燃了蘇軾住的房子，引起了一場火災，房子差點被燒毀。

撲滅大火後，蘇軾還念念不忘墨的事。他從燒毀的墨灶把殘存的墨都收集發揮來，做成墨塊。看著這些「勞動成果」，蘇軾滿懷信心地說：「等時間長了，膠凝固了，這些墨應該不比李廷珪（五代時的製墨名家）做的差。」

蘇軾曾寫過一首《次韻答舒教授觀余所藏墨》：「一生當著

幾兩屐，定心肯為微物發揮。此墨足支三十年，但恐風霜侵發齒。非人磨墨墨磨人，瓶應未罄罍先恥。」大意是說，收藏那麼多的墨，真正能用完幾塊呢？恐怕墨還沒用完，人就先死了。

儘管嘴上這麼說，蘇軾對墨的收集從未停止過。早年的時候他說自己藏好墨七十餘塊，後來說所藏到了一百多塊，到寫《書墨》一文的時候，儲量已經到了幾百塊。可惜在從海南赦回廉州途中，他所乘船隻沉沒，辛辛苦苦收集的兩篋名墨全部沉入水底。後來他又從孩子們那裡弄來三塊好墨，這三塊墨一直陪伴他到次年去世。

蘇軾對硯的愛好，絲毫不遜於墨。十二歲那年，他跟孩子們在自己家空地挖坑玩，結果挖出一塊奇石。這塊石頭呈淺綠色，上有銀色細點，石質細膩溫潤，敲上去聲音清脆。他就試著拿來作硯臺，結果發現這塊石頭粗細適中，既有一定的吸水性，又不澀筆。蘇軾很高興，就拿去給父親蘇洵看，蘇洵仔細看了看，讓蘇軾好好保管，說：「這塊石頭是天生作硯臺的好材料，唯一的缺點就是不好雕琢成形。」

蘇軾很高興，鄭重地把它收發揮來使用，並給它發揮名叫「天石硯」。後來蘇軾因事下獄，出獄後以為天石硯丟了，後來卻偶然間卻在箱底發現了它。蘇軾大喜之餘，寫了一篇《天石硯銘》，並把天石硯贈給兒子們使用。

蘇軾愛硯不拘產地種類，只要是好硯他一定喜歡；人家拿硯來讓他取名撰銘，他也欣然不拒，為此也鬧了不少笑話。有一次有人拿了一塊福建產的硯來找蘇軾，請他給新硯取一個名字。蘇軾看了下，發現這果然是上好的制硯石材，就給它取名為「鳳味硯」；取了名還不過癮，又在上面題銘道：「蘇子一見名鳳味，坐令龍尾羞牛後。」意思是說，蘇軾我一看見這方硯就喜歡，給它命名為「鳳味」，「鳳味硯」一出，就連聞名海內的歙州龍尾硯跟它相比，也成了牛屁股。

結果這句話得罪了歙州人，後來蘇軾看中一方龍尾硯，結果歙州人就是不給他。蘇軾只好又寫詩把自己罵了一遍，說自己不會說話，口無遮攔；還寫詩把龍尾硯大大讚揚了一番，說歙州硯石絕不是凡間的石頭，它裡面蘊藏了「金聲玉德」，總之費了好大的心力，才把龍尾硯弄到手。

「操千曲而知音，觀千劍而識器」，蘇軾不僅喜好收藏硯臺，還經常自己挑選石材製作硯臺，見多了，自然積累了豐富的經驗。長期的收藏使蘇軾成了硯石鑒定方面的專家，凡是經他手的硯，無不真假立辨。

不僅如此，他對硯石的品評也有獨到的見解。他說：「硯之美，止於滑而發墨，其他皆餘事也。」意思是說，品評一塊硯石的好壞，要看它是不是夠細滑，是不是對墨水有一定的吸附性，除此之外其他方面都是次要的。這種實用至上的硯石評定觀，得到了米芾的肯定，米芾也認為：「器以用為功。」意思是說，器物的首要價值是實用性。這確實是方家之言，只重視硯的做工、材料，而忽視硯的實用性的人，必定不是真正懂得用硯的人。

不僅如此，蘇軾對墨、硯的愛好和收藏不是一般意義上的賞玩，他是把墨和硯當作老朋友一樣來對待的。他的收藏充滿了真摯的感情，有一次他見到朋友的一件龍尾硯，對它的「澀不留筆，滑不拒墨」印象很深。很多年後，又見到這塊硯的時候，他不禁發出了「依然如故人也」的感慨。

而且，在他的眼中，每一件墨、硯都蘊含著人生道理。有一次他和司馬光一發揮品茶，司馬光問他：「茶水的顏色是越白越好，墨的顏色是越黑越好；茶葉是越新越好，墨是年代越久越好；茶葉是越重越好，墨是越輕越好。兩者截然相反，為什麼茶和墨你都喜歡呢？」蘇軾回答說：「兩物雖然材質不同，但內涵上還是有相同點的：好的茶和墨都香氣馥郁，它們的品質相同；好茶和好墨質地都硬，它們的節操相同。這就好比賢人君子，雖然外貌上黑白美醜各不相同，但品質上有共同點。」司馬光聽了甚為嘆服。

蘇軾在《書墨》裡說，自己藏了數百枚墨，每到閒暇的時候就拿出來品試一下。但是每次都覺得墨色不夠黑，真正滿意的只有少數幾枚。

還有一次，他得到一方端硯，但是這方硯中間凸出而且體積很小，磨墨很不方便。蘇軾就想，這是不是製作硯的人希望硯臺在使用百年之後，把凸出部分磨平了，才更好用呢？並感慨地說，製作一方硯都想到百年之後的情況，何況做人。

蘇軾好物而不役於物，善於在收藏中探求做人的道理，這才是收藏的最高境界。

趙明誠夫婦與《金石錄》

說發揮趙明誠，可能很多人不了解他；但是他的妻子卻是家喻戶曉的名人 —— 她就是中國古代首屈一指的女文學家李清照。

趙明誠（西元一〇八一至一一二九年），字德父，山東諸城人。他曾讀過太學，對文學也頗為用力，但由於他的妻子李清照文名太盛，相比之下他的文學成就遜色得多，而他的主要成就是在金石學、文字學方面。

趙明誠自幼愛好金石，他的父親趙挺之在宋徽宗崇寧年間曾任宰相，殷實的家境為他的金石收藏提供了有利條件。

讀太學期間，二十一歲的趙明誠與十八歲的李清照結為伉儷。婚後兩人相處十分融洽，有了李清照這位賢內助，趙明誠在金石文物的收藏和研究上更是如虎添翼。而且在趙明誠的影響下，李清照對金石學也產生了濃厚的興趣。

那時候趙明誠還在沒有畢業出仕，兩人在經濟上不算寬裕。儘管如此，每到月中和月末，趙明誠就向太學告假，和李清照一同去大相國寺購買碑文拓片，兩人一邊吃著果品零食，一邊對坐研究拓片，日子過得十分和美。

過了兩年，也就是西元一一〇七年，趙明誠學成出仕。宋代官員的待遇十分優厚，這一點歷朝歷代罕有其匹。有了豐厚的俸祿，兩人收藏發揮金石來就更方便了。這期間趙明誠幾度遊歷名山大川，尋訪古碑、拓製圖片，收穫頗豐。他們還利用父親趙挺之的關係，四處蒐集古代罕見稀有的簡帛圖書，盡力傳抄，積累了很多古籍資料。遇到有人出售古玩字畫，兩人更是節衣縮食，盡最大可能買到手。有時為了購買文物，甚至把衣物當掉換錢。

有一次，一個人拿著一幅五代著名畫家徐熙畫的牡丹圖拜訪趙明誠，開價二十萬錢。二十萬錢在當時是個大數目，夫妻二人東拼西湊了半天也沒湊夠數目，只好給人家還回去。因為這件事，兩人悶悶不樂了好幾天。

可惜好景不長，不久趙挺之就去世了。趙挺之去世後，奸臣蔡京橫加陷害，不僅趙挺之追贈的官爵被奪回，全家也受到株連，趙明誠也因此被罷官。之後，趙明誠夫妻就隱居鄉下，自食其力，日子過得也還寬裕，如此達十多年之久。

後來，宋朝政府重用趙明誠，他先後擔任過萊州和淄州兩地的知州。於是，兩人又有了足夠的經濟來源，趙明誠將大部分的俸祿都用來購買了金石文玩。他們每買到一部古書，就共同整理校勘，撰寫校勘記；每買到一件文玩，也一發揮觀摩把玩，品評指摘……每天晚上都以點完一根蠟燭為度。這樣一來，他們收集到的古籍古玩字畫數量越來越多，而且都整理和收藏得很好。

不僅如此，他們還經常從校過的書中找典故，說出典故的出處在哪本書的哪頁哪行，以所說對錯來決定誰先喝茶。勝出的常常高興得手舞足蹈，連茶杯都打翻在懷裡。

等到古籍文玩收集得差不多了，他們就開始建藏書庫分類存放，並編寫了專門的目錄書。任何人取閱都要登記，如果有塗抹或損壞，還要追究責任，連李清照也不例外。

《金石錄》的大部分內容就是這個時候寫成的。《金石錄》共三十卷，上發揮夏商周三代，下至五代，著錄鐘鼎彝器銘文款式及碑文拓本兩千餘種。全書前十卷為目錄，按時代順序編排；後二十卷為題跋，內容是對這些拓本的考訂溯源。這部書是繼歐陽修的《集古錄》之後，又一部金石學專著，是古代金石學方面的經典之作。

幾年後，金人大舉入侵，宋朝首都汴京被攻陷，徽欽二帝也成了階下囚。沒多久趙明誠的母親去世，為了奔喪，也為了躲避戰禍，趙明誠舉家南遷。南遷途中，大件藏品、水準略為次等的書畫和年代不明的古玩被迫先後拋棄，即使這樣，南遷的藏品也裝了五十大車。沒來得及轉移的藏品裝滿了十間大屋，後來被南下的金兵焚毀。

不久，趙明誠被任命為湖州知州，志得意滿的趙明誠拋棄了李清照和他的藏品，獨自乘舟南去了。臨別之際，李清照問趙明誠如果金兵打到了怎麼辦，趙明誠吩咐李清照道：「如果金兵到了，你就跟著大家一塊逃吧。迫不得已的時候，可以先拋棄輜重，其次拋棄衣物被縟，再次拋棄古籍書畫，最後拋棄古玩器皿。」

聽了丈夫的話，李清照傷心欲絕。後來，趙明誠因病去世。李清照儘管心裡不滿，但還是遵照丈夫的遺願，盡己所能保管趙明誠留下的藏品。

常言道「匹夫無罪，懷璧其罪」，一個人身懷珍寶，難免會招來災禍，更何況一個身處戰亂年代又攜有大量珍貴文物的弱女子呢？在金兵的節節逼迫下，李清照南渡攜去的藏品大半喪失在戰火中，之後她輾轉逃到南方，好不容易算是有了個落腳地。

當地官員聽說趙明誠的藏品在李清照手上，就百般構陷，企圖侵吞，李清照也曾因此入獄。當地刁民也與官府勾結，趁李清照不備，偷去大量藏品。李清照百般無奈，只好自己出錢收購被盜藏寶，也只收回少數幾件。

端方的收藏故事

都說盛世收藏，亂世的收藏可能不如盛世普遍，但成績並不遜色，很多收藏大家偏偏就是亂世造就的，比如清末著名收藏家端方。

端方（西元一八六一至一九一一年），字午橋，號匋齋，姓托忒克氏，滿洲正白旗人。端方為人曠達通脫，不拘小節，尤其喜好金石收藏，是清末著名學者、金石學家，與那桐、榮慶並稱為「旗下三才子」。

端方生活的時代正是清政府滅亡前夕最黑暗的時候。由於收藏的手段不同於盛世，就發生了很多盛世收藏難以見到的傳奇故事。

夏商周三代是歷史上的「青銅時代」，那時候青銅雖然不像後來的鐵器用得那麼普遍，甚至在數量上都遠遠不如木器、石器，卻代表了當時的最高文明，因而頗受後代收藏家的鍾愛。

提到青銅器，大家很快就能想到「青銅器之最」，比如史上最大最重的後母戊大方鼎、極為精緻的四羊方尊等，但要說到銘文最多的，還必須是西周晚期的毛公鼎。

毛公鼎高半公尺多，重近三十五公斤，在三代青銅器中並不算大個，鼎上的銘文卻達到三十二行四百九十七字之多，是目前出土青銅器中銘文最多的，是國寶中的國寶。

端方與毛公鼎之間就有一段傳奇故事。毛公鼎出土於西元一八四九年，也就是清代道光年間。出土地點就在周代的大本營——陝西岐山的周原。毛公鼎是一個農民從自家地裡挖出來的，儘管後來經過官府插手，最後還是流落民間。後來一個叫蘇億年的古董商人在一戶農民家裡發現了它，知道是寶物，就用一匹毛驢把它換到了手，這在收藏史上被稱為「毛驢換毛公」。

後來蘇億年把毛公鼎運到了北京城，以一千兩銀子的價格賣給了時任翰林院編修的陳介祺。陳介祺得到毛公鼎後，就把它藏了發揮來，祕不示人，直到他去世。

陳介祺死後數年，他的後代因故要賣掉毛公鼎。端方聽說了這件事後，立即找到陳介祺的後人連繫購買。雙方談定價錢，端方以每公斤五百兩的價格收購毛公鼎。毛公鼎重近三十五斤，花去了端方三萬五千兩銀子。當時端方任兩江總督，有道是「三年清知府，十萬雪花銀」，三萬五千兩銀子端方自然還是拿得出的。

那時候，端方在收藏方面早已是碩果纍纍、海內聞名。宣統二年（西元一九一〇年），為了安置藏品，他特地在北京西山靈光寺修了一座「匋齋博物館」，鎮館之寶就是這座毛公鼎。

開館的時候，他特地邀請了當時的社會名流前來捧場，其中有跟他並稱「旗下三才子」的榮慶、《清史稿》的作者趙爾巽、光緒愛妃珍妃的哥哥志銳等。大家對端方的藏品讚不絕口，對他能夠購得毛公鼎更是羨慕不已。志銳就提出，願意出十萬兩銀子請端方把毛公鼎轉讓給他，端方聽了哈哈大笑，對志銳說：「想要我轉讓毛公鼎，除非能讓珍妃復活，那樣我可以分文不要。」志銳只好作罷。

第二年，在四川保路運動的時候，端方被起義軍殺死。他的後人為生活所迫，將毛公鼎抵押，差點落入外國人之手，後來經葉恭卓等人極力爭取，才搶購回來。後來毛公鼎在戰火中幾經周折，險遭搶掠，幸好終於沒有流失出去，現藏在臺北故宮博物院。

端方任兩江總督的時候，還發生了一件趣事，這件事使端方收到了一件特殊的禮物——桫木棺。

提到桫木，很多人可能不知為何物；但是說到「陰沉木」，知道的人就多了。很多小說中都提到這種木頭，它性極陰寒，做棺材可以保屍體千年不腐。當然，這是小說家的渲染，實際上陰沉木是樹木久埋地下，經過長期碳化形成的一種碳化木。這種木頭密度高、質地堅硬、不易變形、防蟲蛀，而且由於經過微生物的長期作用，往往還會散發出香味來。由於陰沉木品質好，又十分稀少，所以價格極為昂貴，有「縱有黃金滿箱，不如烏木一方」的說法。

光緒末年，清政府在南京舉辦「南洋勸業會」。身為兩江總督的端方任會長，鄭孝胥任副會長。為了促銷，鄭孝胥等人想了個樂透中獎的點子，並從妓院中買了幾個名妓當獎品。

鄭孝胥為了巴結端方，特地幫他買了一批樂透，並從中做手腳，把頭獎「美人狀元」頒給了端方。這位充當獎品的「美人狀元」，就是當時名滿秦淮的名妓王克琴。端方聞訊如銜雞肋，一方面自然高興，另一方面卻怕老婆怕得要死，一時間不知該如何處置這位「美人狀元」。

思來想去，他想了個好主意。當時有位名士叫易實甫，對這位王克琴姑娘愛得死去活來，但是無奈家境敗落，沒錢為她贖身，只好望洋興嘆。端方就決定拿「美人狀元」送個順水人情，以此籠絡易實甫。易實甫得到這份「厚禮」，自然對端方感激萬分。為了報答端方，易實甫把自己珍藏的一具杪木棺送給了端方。

原來，康熙年間易實甫祖上在四川當官，一次偶然的機會從乾涸的河道裡發現了一塊陰沉木。這塊陰沉木被易實甫的祖上拿來做了棺材，剩下一截沒用完，又做了一具給兒童用的小棺材。大棺材自己用了，小棺材就作為傳家寶世世代代傳了下來。易實甫送給端方的，就是這具小棺材。

這個意外收穫自然使端方欣喜不已，這具小棺材也就進入了「匋齋博物館」。

另一個傳說，是關於端方與脂硯的。熟悉《紅樓夢》的人一定知道「脂硯齋」，「脂硯齋」的名字得自於一方名硯，那就是「脂硯」。而這方脂硯是被端方用一盤棋「贏」到手的。

有一次端方和別人打麻將，其中一個叫趙有倫的屢戰屢敗。最後輸急了，就嚷著要和端方比賽下棋，如果端方輸了，就把宋代郭熙畫的《溪山秋霽圖》轉給他；如果端方贏了，趙有倫就把家藏的脂硯讓給端方。

趙有倫還故意裝作不知道脂硯為何物，只說是曹雪芹寫《紅樓夢》用過的。端方見多識廣，一聽就知道可能是脂硯。趕忙讓趙有倫拿硯來看，一看果然是脂硯。端方欣喜若狂，當即答應了這場賭賽。

結果當然是端方「贏」了。其實趙有倫別有用心，下棋賭賽為名，變相賄賂為實。端方如何不知？當即心領神會，給了趙有倫一個鹽課司的官。

這件事在當時鬧得沸沸揚揚，加上端方也確實用過不少不光彩的手段來收藏，有人就寫對聯諷刺他說：「賣差賣缺賣厘金，端人不若是也；買畫買書買古董， 方子何其多乎？」聯中包含著端方的名字，明眼人一看便知道是在諷刺他。

這方脂硯在端方死後一度不知去向，後來有人得到之後捐給了國家，不過如今卻下落不明。

第三節　祭酒高才辨龍骨，學者藉以話殷商——甲骨卜辭的發現與研究

西元一八九九年的下半年，北京城的古玩界傳出一條消息：有人願意以一個字一兩銀子的高價，收購刻有字符的「龍骨」！

何謂「龍骨」？「龍骨」實際上就是古代脊椎動物的化石。秦漢時即有相關記載，長期以來它都作為一味中藥材被人們使用。據古代醫書記載，龍骨產地頗為廣泛：從西邊的山西、陝西，到東邊的河北、河南，從北面的黃河流域，到南面的四川盆地，其中以山西、陝西地區出產的龍骨最為常見。

「龍骨」可以鎮靜安神，又可以治療陰虛、生肌療瘡。醫書上說，作為藥用的龍骨可分雌雄，又有五色：骨骼較細而紋路寬大者為雌骨，骨骼較粗大而紋路細密的為雄骨；顏色五花的藥用價值最高，白色次之，黑色又次，黃色的勉強能用。這種藥用的「龍骨」因為不是很稀有，所以作為藥材使用時賣價並不高，常常是按斤出賣，沒什麼賺頭。

數年前，河南某地的農民常常挖到一些大大小小的龜甲和獸骨，這些龜甲獸骨有的刻有文字，有的還塗有硃砂。他們不知道挖到的是什麼東西，就把這些甲骨充當「龍骨」賣掉。因為帶文字的甲骨藥店不願意要，所以他們常常是把文字鏟掉再賣。後來，發現的龍骨比較多，有人就想拿到京城去賣，希望

能賣個好價錢，沒想到有人居然以一個字一兩銀子的高價收購它們。

有人收購龍骨的消息一傳出，立即震動了京城。很快，大批龍骨源源不斷地被送到王懿榮府上。王懿榮也沒有食言，帶字的龍骨照單全收，按字付銀。

那時候中國北方常有農民在耕地的時候挖到古董，挖到了他們就把古董送到「估客」—— 也就是文物販子那裡去賣。有一次，一個姓范的「估客」去河南收古董的時候，發現了一批刻有古文字的「龍骨」。范氏倒賣古董也有年頭了，也頗有些眼光。他覺得這些「龍骨」可能不是尋常藥材，上面的文字跟青銅器銘文很像，裡面肯定有名堂，就特意收購了一批，運到京城。

范氏對京城有哪些古董行家心裡有數，來到京城，他首先就找到了當時任國子監祭酒的王懿榮。

王懿榮，字正儒，謚號「文敏」，山東煙臺人，是當時的古文字研究大家，對三代文字尤其有研究。一見這些刻字的「龍骨」，王懿榮也大吃一驚，知道是上古文字，就花高價買了下來。回去一研究，發現這些文字極為古老，即使是自己，也只能認出為數不多的幾個字來。於是，他決定對這些文字作深入研究。

他告訴范氏，願意出高價請他幫忙收購帶字的「龍骨」。范氏有利可圖，自然滿口答應。於是，「一字一兩銀子」的消息就這樣不脛而走，一時間成了北京古玩界的大事件。

結果，不到一年時間，王懿榮就收購了一千五百多片刻有文字的甲骨。正在王懿榮準備對這些甲骨進行深入研究的時候，一場大變故發生了 —— 西元一九〇〇年，也就是農曆庚子年，一支由英、法、俄、意、日、奧、美、德八國組成的聯軍打進北京城，慈禧和光緒帝倉皇出逃到了西安，這場戰役就是「庚子事變」。

八國聯軍打進北京前夕，身為京城團練大臣的王懿榮見大勢已去，無力回天，自殺殉國，他的甲骨文研究事業也畫上了句號。

幾年後，八國聯軍撤出北京城，慈禧和光緒返回北京，局勢逐漸安頓下來，北京的古玩界又漸漸恢復了往日的繁榮。這時候，連接甲骨文命運的第二位重要人物出現了，他就是晚清四大譴責小說《老殘遊記》的作者劉鶚。

劉鶚，字鐵雲，號老殘，清末著名的小說家和收藏家，他和王懿榮兩人頗有交情。王懿榮殉國之後，他的後代手頭拮据，就把王懿榮收藏的一千多枚龜甲轉賣給了劉鶚。據劉鶚說，王懿榮所藏的絕大部分文物都轉入他手，失卻的極少。

後來，劉鶚把這些甲骨全部拓印下來，寫成了一部書，叫做《鐵雲藏龜》，這是關於甲骨收藏和研究的第一部著作。不僅如此，他還第一次提出了甲骨文可能是「殷人刀筆文字」的觀點，頗具眼光。

《鐵雲藏龜》面世後，吸引了很多金石學家和古文字學家的視線，其中就有著名的古文字學家、「甲骨四堂」中的「雪堂」羅振玉。

羅振玉和劉鶚沾親帶故，兩人交情頗深。羅振玉從劉鶚那裡得知了甲骨之事後，就對劉鶚所藏甲骨上的文字進行了初步解讀。這一解讀，羅振玉發現，這些甲骨文字裡面隱藏著驚人的歷史祕密，如果能夠解讀出來，極有可能顛覆對那段歷史的傳統認識。

不僅如此，他覺得，要徹底弄清這些甲骨的來歷，首先必須搞清楚這些甲骨的出土地點。在此之前，學界幾乎沒人知道這些甲骨來自哪裡。有人傳言說來自河南湯陰和朝歌，結果人們再去找尋時卻一無所獲。據說，甲骨的真正出土地只有王懿榮和「估客」范氏知道，他們之間是單線交易，外人毫不知情；也有人說，真正的出土地連王懿榮也不知道。

羅振玉對研究甲骨十分執著，最終找到了范氏，並從他口中問出了甲骨的真正出土地：河南安陽小屯村！得到了這條線索，羅振玉十分高興。西元一九一一年，他派自己的弟弟羅振常去安陽實地考察，尋找甲骨。

來到安陽小屯村，羅振常發現，這裡果然是甲骨的出土地，而且販賣甲骨的活動歷時已久。於是，按照羅振玉的指示，羅振常開始大規模地收購刻字甲骨，給羅振玉帶回了一萬余片刻字甲骨。這下，羅振玉就成了當時甲骨收藏量最大的人。有了豐富的研究資料，羅振玉的研究開展得更加順利了。

這時候，另一位國學大師，「甲骨四堂」中的「觀堂」王國維也加入進來。兩位大師同心協力，研究發揮來更是加倍順利。

萬事開頭難，解讀這種前人幾乎沒研究過的古文字並不是一件容易事。當他們解讀出「天干」十字（甲乙丙丁戊己庚辛壬癸）的時候，甲骨文研究便從此打開了一片新天地。原來，最初他們解字的時候，發現幾個字出現得特別頻繁，其中一個樣子特別像今天的「十」字，但是按「十」來解肯定是解不通的。經過反複比照，他們才恍然大悟，原來這個字就是「甲骨」的「甲」字。「甲」字一解出來，天干十字後面九字的解讀就順暢多了。

很快，他們就解讀出好幾百字。有了這幾百字做基礎，往下的工作就是整句解讀了。解讀句子的時候，他們又遇到了難題：很多詞是「大」（即『太』字）、「祖」等常常與天干十字連在一起組成詞彙，這些詞堆在一塊實在讓人不知所云。又是一番苦思，他們才搞清楚：原來它們是商代帝王的名字，商代帝王以天干字命名，這就與古史的記載對應上了。

他們不但從文字學、歷史學和文學的角度對甲骨文做了研究考證和梳理，而且對甲骨文的書法也下了很大的功夫來研究，一時間，甲骨文研究成了顯學。

後來，董作賓、郭沫若等學者也加入了研究行列，成果不斷、專著頻出，甲骨文研究進入了一個輝煌的階段。

在甲骨文研究史上，這些學者的名字將被永遠銘記：王懿榮，因為首開甲骨文收藏和研究之風，被尊稱為「甲骨文之父」；羅振玉（雪堂）、王國維（觀堂）、董作賓（彥堂）和郭沫若（鼎堂）四位學者的甲骨文研究代表了研究前期的最高成就，因為他們的號裡都有「堂」字，所以被稱為「甲骨四堂」；陳夢家、唐蘭、於省吾、胡厚宣四位大師是研究後期的泰斗，他們被合稱為「甲骨四老」。

那麼，甲骨文為什麼會被刻在甲骨上，它們是做什麼用的，為什麼它們最後又被集中埋藏起來了呢？

甲骨即龜甲和獸骨，是商代用於占卜的工具之一。商代是一個充滿了宗教色彩的朝代，神權高於一切，因此占卜十分頻繁，幾乎逢事必卜。占卜的時候，需求先在甲骨上面鑿坑（不能鑿透），然後以火烤灼，根據裂紋（也叫做「兆」）的情況判斷某件事情的吉凶。之後再在裂紋旁邊刻字，記錄占卜情況；事情過後，再記上應驗情況。天長日久，數量龐大的甲骨就被積攢下來。由於甲骨是神聖的東西，不能隨便丟棄，必須妥善收藏。所以，後來人們發掘甲骨的時候，發現甲骨的埋藏集中而有序。

第三章　藏品的價值與保護

前面我們說收藏是一種「把玩」，說的主要是收藏的娛樂意義和藏品的藝術價值。其實，藏品的價值是方方面面的——既有功利性的價值，也有超功利性的價值——因而，收藏的意義也是多方面的。正是由於藏品有多方面的價值，保護藏品就成了收藏活動的重要內容。

第一節　壁上墨君不解語，見之尚可消百憂——藏品的藝術價值

藏品的藝術價值不僅體現在藏品作為藝術品本身所具有的藝術價值，也表現在藏家出於對藏品藝術價值的欣賞和陶醉，而對藏品進行的賞玩活動，還體現在藏品的藝術價值對後代藝術的影響。

看一件藏品有無藝術價值、價值大還是小，是一個見仁見智的問題，並沒有一個統一的標準。但一些傳統藏品門類，比如書畫、青銅器、玉器等，它們所具有的藝術價值卻是公認的。

一件藏品具有藝術價值，首先它必須給人以美的享受。蘇軾在《畫水記》裡講了這樣一件事：

古代畫家畫水，多數只是畫一些遠處的細小水紋，好的畫家也至多畫得略有波濤起伏，讓人看上去產生凹凸不平、似有浪頭掀起的感覺，就很不錯了；但從品格上來說，也不過比工

匠所畫技術上高明一些。到了唐代的時候，出現了一位叫孫位的畫家，他畫水與眾不同，擅長畫那些狂濤猛浪，而且水在山石之間迂曲盤旋，隨著山勢的變化而變化，堪稱神品。

到了五代，著名畫家黃荃、孫知微學到了孫位的精髓，畫水畫得非常好。有一次，孫知微來到大慈寺壽寧院，打算在牆壁上畫四幅山水圖。結果構思了近一年，也沒下筆。突然有一天，他從外面急急忙忙跑回來，很急迫地問寺僧索要筆墨。拿到筆墨之後，他飛快地在牆上畫好了四幅山水畫。人們來看這幾幅畫時，覺得畫中的波浪奔騰跳躍，好像活了一般，洶湧澎湃，簡直像要把房屋沖塌一樣。

蘇軾有一位朋友叫蒲永升，是四川成都人，他畫的水就頗有孫位和孫知微的風韻，而且下筆神速，轉瞬即成。他曾和蘇軾一起去大慈寺壽寧院臨摹孫知微畫的山水，一共臨摹了二十四幅。每到夏天，他把這些畫掛到白色的牆上，立即就會讓人暑意全無，感覺陣陣涼風伴隨著山泉撲面而來，甚至連寒毛都豎起來了。

人們看孫知微的山水，覺得洶湧的波濤像要把房子沖毀一樣；看蒲永升的山水，即使是夏天，也覺得涼風撲面，寒毛直豎。這就是藝術作品的審美性給人帶來的直覺上的快感。常人看來尚且如此，在那些本身就諳習書畫的人看來就更是如此了。

越是好的藝術作品，帶給人的審美快感也越是強烈；同樣，對於那些經過長期練習和薰陶的藝術家而言，同樣是一件佳作，由於他們能夠發現常人注意不到的美的所在，對美的感受力又遠比常人細膩，藝術品帶給他們的審美愉悅就比常人更加強烈。很多時候，這種對藝術品的欣賞會轉化成摯愛之情，甚至生死相許。

在書畫收藏史上，藏家與藏品生死相許的故事有很多，比較著名的有《富春山居圖》的故事。

《富春山居圖》是元代大畫家黃公望最負盛名的作品。黃公望，字子久，號大痴，擅長山水畫，與倪瓚、王蒙、吳鎮並稱「元四家」。他三十一歲才開始學畫，後來信奉道教，雲游四方。由於長期雲遊，與大自然接觸多，因此他的畫往往建立在大量的實地考察和摹寫的基礎上，形成了奇譎多變又精緻細膩的畫風，成為元代藝術成就最大的畫家。

他七十九歲的時候，應一個名叫無用的和尚之請，開始為他創作《富春山居圖》。為了完成這幅畫，他開始在富春江一帶遊歷寫生。無論是高山雲壑，還是激流險灘，哪裡有江山勝景，哪裡就有他的足跡，一遇到好的景緻，他就用隨身攜帶的紙筆把它們摹畫下來。這一遊歷，就是三四年。無用見畫還沒完成，怕被別人求去，很是放心不下。為了讓無用安心，黃公望事先在畫紙的末尾鈐上了題記和無用的名章。又過了三四年，這幅畫才算完成。這時，黃公望已經八十五歲高齡了。

黃公望的山水畫中有兩種技法比較常用：一種是「淺絳法」，就是拿淡淡的絳色作為主色，這種畫法比較精細，而且多用皴法，是黃公望的首創；另一種是「水墨法」，就是只用墨色，不用其他顏色，這種畫法中皴法用得較少，簡潔明快又韻味無窮。《富春山居圖》用的就是他最拿手的「淺絳法」，在皴法上用的是他最擅長的「披麻皴」——一種畫山水畫的技法，因皴紋似披散下來的麻而得名。

《富春山居圖》由六張紙連接而成，高三十三公分，長近六點四公尺，畫的是富春江沿岸初秋的風光。畫中山水相間，畫山則以披麻皴為主，山石間點綴草木房屋，畫水則以底色為主，不甚點染；山水相抱，以山形圍成輪廓，以江水填充山之間的空隙；畫面由近至遠次第展開，近景細緻入微，遠景雲峰數點；山、水、草、木、煙、雲有機融合，使得畫面雖然疏朗卻不顯得空曠，遠處水天相間，再點綴上數個山峰，讓人感覺似乎整個富春江山水都被搬到了畫裡，畫面有限而畫外之境無窮。

這幅畫不僅構思巧妙，意境深遠，虛實相生，步步可觀，而且集各家山水畫技法之長。尤其是「淺絳法」的使用，在這裡達到了爐火純青的地步，被譽為「畫中之蘭亭」。

此畫面世之後，就成為收藏家們夢寐以求的至寶。明代成化年間，它為畫家沈周所得。沈周對它十分珍視，特地請人題跋，卻不料被那人的兒子隱匿下來，據為己有，沈周後悔不已。不久這幅畫突然出現在市面上，被人高價叫賣，沈周無力購買，只好回去憑記憶背臨了一份。後來沈周臨的這幅畫被蘇州一個姓樊的人所得，第二年原本也被樊氏弄到手。樊氏大喜過望，把這兩幅畫拿去找沈周題上長跋，寶藏起來。

又過了百餘年，到了明朝晚期，這幅畫被北京一個姓周的人得到。當時的大書畫家董其昌對這幅畫嚮往已久，恰好他又與周氏相識，於是三天兩頭就跑到周家去觀賞。後來，董其昌回憶這段經歷的時候，感慨地說，每次去周家觀畫，就如同親臨寶地一樣，去的時候兩手空空，回來的時候卻收穫滿滿；每去一次就享受一次，心情特別舒暢。

後來，經友人周旋，這幅畫最終被董其昌重金購得。董其昌得畫之後，欣喜若狂，鄭重其事地收藏到他的「畫禪室」中，連連讚嘆「這就是我的老師啊！這就是我的老師啊！」

後來不知什麼原因，董其昌把《富春山居圖》抵押給了宜興人吳正志，董其昌死後，這幅畫就歸吳正志所有了。過了幾年，吳正志死了，這幅畫又被他的二兒子吳問卿所繼承。吳問卿對這幅畫的愛惜程度已經到了如痴如醉的地步，平時幾乎手不釋畫，還專門建了一所「富春軒」來收藏它。後來吳問卿染病將死，命家人將《富春山居圖》和智永的《千字文》一同焚化，給自己殉葬。

第一天燒了《千字文》。第二天燒《富春山居圖》的時候，他先命人釃酒祭畫，然後親眼看著家人把畫扔到爐子裡。等到火勢旺了，他才返回臥室。他的侄子吳靜庵趁他不備，奮力從火裡把畫搶救出來，另投了一幅別的畫進去掩人耳目。《富春山居圖》就這樣被救了下來。

儘管如此，畫還是被燒焦了一部分，中間被燒穿。後來人們就把燒焦的一端裁下，所幸的是這段恰好是一段完整的山水，重新裝裱後，這段畫被命名為《剩山圖》，長約五十公分，現藏在浙江省博物館；其餘比較完整的部分繼續以《富春山居圖》的名字流傳於世，現藏於臺北「故宮博物院」。

懂得鑑賞，善於發現藏品的藝術價值，進而珍愛藏品，是合格的藏家所必備的素養。但是要注意珍愛的方式方法，如果說唐太宗拿《蘭亭序》給自己陪葬尚可原諒，那麼吳問卿焚畫為自己殉葬的行為就太過自私、不可取了。

藏品，尤其是文物類的藏品，是全人類的共同財富，是不可再生的寶貴文化遺產，藏家在收藏的過程中花費了再多的心血、財力，也不能因此就視之為自己的私人財產。僅僅因為由自己收藏就肆意損毀藏品，這種行為必將受到道德的譴責和法律的制裁。

當我們反觀藝術發展史的時候，就會發現：每一次大的變革和進步都是建立在對前人藝術成果學習和借鑑的基礎上的，前人已死，我們無法直接從他們那裡學到什麼，但是他們的藝術成果——也就是藏品，卻還存在著。這些藏品就如同聖賢們留下的書籍一般，蘊藏著前輩藝術家們寶貴的心血和藝術成果。

真正高明的藏家，不僅懂得鑑賞和認識藏品的價值，更懂得學習和掌握藏品本身所含的藝術價值，為自己所用、為現代藝術服務，藝術品類藏品的收藏尤為如此。

董其昌就是一個很好的例子。與大部分的書法家不同，董其昌並非自幼喜歡書法。他學習書法是因為一次考試受挫：董其昌從小致力科考，也下了不少工夫，八股文章做得十分精彩。十六歲那年他參加府試，試題是一篇八股文（八股取士都是這個規矩）。董其昌文章寫得好，府試自然不在話下。結果成績出來，他卻發現自己屈居第二。

一打聽才知道，自己的文章本來應該名列榜首，但是由於字寫得不好，被打成第二——那時候八股考試不光看文章寫得好壞，字寫得好不好、卷面整潔不整潔也是評判標準之一，方正、美觀的「臺閣體」楷書是當時科舉考試的標準字體——董其昌大受打擊，從此發奮學習書法，那時他已經十七歲了。

他先是臨摹顏真卿的《多寶塔碑》，又學習虞世南。後來他認為唐代書法不如魏晉，於是開始臨摹《黃庭經》和鐘繇的《宣示表》、《戎輅表》、《丙舍帖》等。三年之後，他覺得自己書法大有長進，連當時著名書法家文徵明、祝枝山都不放在眼裡。

到他二十五歲的時候，在金陵見到了王羲之的《官奴帖》，才知道自己之前是多麼狂妄自大，於是失落至極。不過，從此之後他的書法技藝真的突飛猛進起來。

後來他得到了數十卷王羲之和王獻之的字帖拓本，手不釋筆臨了七個多月。這之後因為窮困潦倒，他才被迫把字帖賣了。

董其昌很重視對古人字帖的臨習，從十七歲學書直到八十多歲一直如此。他臨的比較多的就是《蘭亭序》，各種版本幾乎都臨過，僅見諸記載的就有十二次之多。他臨摹古人字帖有幾個原則，第一是不僅重形似更重神似，第二是強調按自己的筆意行筆。

可以說，長期用心地臨摹古人字帖，是董其昌能夠成為一代書法大家的重要原因。有的學者甚至認為，從董其昌書法「淡」、「秀」、「生」的風格特點看，諸帖中《蘭亭序》對他的影響最大，甚至發揮了核心作用。

藏品的藝術深刻影響當今藝術的例子古今都有，比如近代甲骨文、金文、先秦簡帛文字的大量出土和研究，就曾引起書法界不小的變革。

人們搞收藏，很大程度上著眼於藏品的審美價值；不僅如此，對藏品來說，它們之所以備受青睞，又何嘗不是因為它們的審美價值呢？

上海博物館有一件清雍正年間景德鎮產的粉彩蝠桃紋瓶，

這個瓶子一百多年前曾被西方列強掠奪到了歐洲。可是，收藏它的人對中國文化不甚了解，並不知道清三代官窯瓷器如何珍貴，只是見它玲瓏可愛，就拿它做了檯燈座，後來被丟到儲藏室的角落裡，好在歷經一百多年仍然完好如初。

有人說，審美價值高的藏品是「尤物」，很多人為了它犧牲，甚至丟掉性命。其實這種說法是不負責任的——「尤」的是人的貪欲，而不是藏品的美。況且，審美價值高的藏品的確因為美而得到人們更多的寵愛，因而它們存在的時間也的確比同時代那些不怎麼美的東西長久得多。

當然，當我們僅僅著眼於藏品的審美價值時，藏品和一般的藝術品似乎沒什麼分別。但是，除了審美價值，藏品還有著一般藝術品所沒有的歷史韻味和文化意味。

當我們焚上一爐檀香，圍坐於斗室之中，賞玩一件古色古香的青銅器的時候，這件青銅器帶給我們的不僅僅是工藝上的美感，更多的是斑駁的銅綠傳達給我們的歷史和文化訊息。面對它們，我們彷彿穿越時空，被帶回到最初製作它們的上古時代，似乎能感覺到工匠們澆鑄時那一股股撲面而來的煙火氣……

在博物館參觀的時候，我們經常能夠憑直覺就分辨出一件陶俑、一座青銅器、幾根竹簡是真品還是仿製品，這正是因為作為文物的藏品與一般的藝術品在藝術價值上是不同的。如果說藝術家是藏品審美價值的創造者，那麼時光就是藏品文化底蘊的賦予者。

第二節　滄桑轉瞬誰能識，但為春秋紀廢興——藏品的歷史價值

文物類藏品與一般藝術品的不同之處就在於，一般藝術品的價值主要是審美價值；而藏品尤其是文物類藏品，本身既是藝術品又是文物，因而同時具有藝術品的審美價值和文物的歷史價值。

古代文物與社會生活描繪

在諳熟歷史的人眼裡，任何一件文物藏品都蘊含著當時社會生活的一些訊息。

這方面的例子有很多，如著名的《清明上河圖》，《中國通史（彩圖本）》中如此評論它說，「畫中所繪為當時社會實錄，為後世了解研究宋朝城市社會生活提供了重要的歷史資料」。

《清明上河圖》包含的內容十分豐富，在圖的後段，有個大戶人家門口叫做「趙太丞家」。這裡的「太丞」和我們通常所說的大夫、郎中是一個意思——即對醫生的尊稱。

宋代醫官制度已比較完備，在中央和地方州縣都設有專門

的官方醫療機構，「太丞」就是當時醫官的官名。王安石變法後，京城和地方又增設了「賣熟藥局」等醫療機構，醫官制度就更加完備了。

宋朝時人們「官本位」的思想已經比較嚴重，在他們眼裡，當過醫官的醫生醫術肯定是高明的；而醫生們也就以當過醫官為榮，因此很多藥店都以官名命名。其實，以官名命名的醫家並不一定就真的當過醫官。

後來這種風氣越來越嚴重，宋朝政府不得不在宣和五年發布政令：「禁止市井營利之家以官號揭榜門肆」，同時又對醫藥行業網開一面，「其醫藥鋪以所授官號職位稱呼，自不合禁止」，當然前提是醫藥鋪的官號職位是官府授予的，而不是自封的。

久而久之，「太丞」、「大夫」與「郎中」就成了人們對醫生的專用稱呼，一般來說，中國南方多稱「郎中」，而中國北方多稱「大夫」；後來，人們又把設館治病的醫生稱為「大夫」，而把走街串巷的遊方醫生稱為「郎中」。「太丞」就漸漸不用了。

不僅書畫類藏品如此，一些出土的偶俑文物也極富歷史價值。

提到偶俑，我們最熟悉的莫過於東漢「擊鼓說唱俑」、「立式說唱俑」，以及秦陵出土的「百戲俑」了。

民俗研究是先秦兩漢史研究的重要方向，但是由於秦漢時期距離現在太久遠，相關文獻又屢遭毀壞，再加上民俗研究在古代不受重視，現在後人能參考的資料實在很有限。

對秦漢俳優的研究就是如此。俳優是古代說唱百戲表演藝人，社會地位非常低下，但是在歷史上造成的作用卻不可忽視。

關於先秦俳優的人員構成、表演門類的研究材料相當少，只能從少數幾本子書和史籍中找到一星半點的記錄。這些材料中常把「俳優」與「侏儒」連繫發揮來，所以有人就認為「俳優」主要是由侏儒充當的。其實這種看法是不對的，《史記》中記載，楚國有位叫「優孟」的俳優，就身高八尺，相貌堂堂；從秦陵「百戲俑」等出土文物看，俳優不光是說唱藝人，還有很大一部分是雜技藝人，他們會拋擲飛劍、翻跟頭和展示武術，這種技藝就不是身體殘疾的人能勝任的了，這有力地印證了《史記》記載的正確性。

從東漢的「擊鼓說唱俑」與「立式說唱俑」來看，這些說唱俑的確身材佝僂蜷曲，即便不是侏儒，也是相貌體型異於常人之人。一方面他們身體殘疾，不便從事體力勞動；同時怪異的體型和醜陋的相貌本身就招人笑，更能造成娛樂效果。所以，現在學者一般認為，說唱類的俳優可能大部分由侏儒或身體殘疾之人充當，但也不是全部如此。

仔細觀察秦漢百戲俑中那些翻跟頭的偶俑，人們發現，他們往往都是「露點」的；當初發掘馬王堆漢墓的時候，考古人員也發現女屍居然不穿內衣。後來學者們才明白，原來秦漢時期不但沒有內衣，連褲子都是開襠的，所以才用「裳」——也就是像裙子的下衣——來遮羞。偶俑們翻跟頭的時候，頭朝下腳朝上，當然就「走光」了。

青銅銘文與歷史事件記敘

在古代尤其是商周時代，青銅器主要有兵器、日常生活用具，以及祭祀和感念王賜所使用的器物，而青銅器銘文的主要作用則在於標記器物主人或簡要記述器物製作的緣由。在商周青銅器中，史學價值最高的莫過於那些祭祀用器。

有這樣一個例子，說「五個奴隸僅能換一匹馬和一束絲」，而這個例子原文就是西周著名青銅器——「曶鼎」的銘文。

一般認為「曶鼎」是西周懿王時期的東西，它的銘文不僅字數多、內容豐富，而且書法價值很高，主要內容如下。

周懿王元年六月十六，周懿王在周穆王廟裡召見曶（也就是器物的主人），說：「曶！我命令你繼承你祖上一直掌管的占卜，賜給你赤市（紅帶）作為信物。」並讓井叔賜給曶銅一鈞（即十五公斤）。

曶受到周王的賞賜之後感到特別榮耀，回去就拿這些銅鑄了曶鼎，作為祭祀父親的祭器，希望子子孫孫都能珍視它、使用它。

周王為什麼要賞賜曶呢？原來在此之前，曶曾向效父購買奴隸。效父派人和曶商談之後，訂立契約：曶以一匹馬和一束絲的代價，購買效父五名奴隸。之後，曶派人先後給效父送去了一匹馬和一束絲。效父卻派人把曶的馬和絲退還回來，並在王三門官署重新訂立契約說要改用貨幣交換。曶不服，派人到訴訟官井叔那裡告狀。井叔了解了事情的前因後果之後，判決說：「王官（曶和效父都是周朝官吏）交易應當使用貨幣，但是效父違背了這個規定，並且不守契約，因此效父應先給曶五名奴隸，然後賠償給曶五秉箭；曶按照規定付給效父貨幣。」於是，曶勝訴了。

後面又追述了一件事：周共王的時候有一年鬧災荒，匡的農夫和家臣二十人搶走了曶的兩千秉禾。曶告到東宮那裡（非太子稱謂，應當是人名），東宮勒令匡交出搶去的糧食和搶糧的罪犯，如果不交出來，將對他施以重罰。匡跑到曶那裡磕頭求告說：「我現在交不出那麼多糧食，願意用五塊地來償還，如果還不上，我願意受鞭刑。」

曶不答應，又到東宮那裡告狀。東宮命令匡不但要還給曶的糧食，還要再賠償兩千秉禾給曶，並以第二年為期。如果限期不能償還，賠還的糧食要翻一倍。

《曶鼎》記載的兩次訴訟，為歷史尤其是法律史方面的研究提供了寶貴的資料。

古代家具與發揮居飲食再現

李白的《靜夜思》恐怕是現今流傳最廣的古代詩歌之一了，主題意思一望可知，但真要追究發揮細節來，恐怕真沒有幾個人能把它解釋透徹。

就拿「床前明月光」中的「床」來說，對古代家具不了解的人都會認為這個「床」就是現在的「床」，「床前明月光」就是「月光透過窗子照在床前」。

其實不然，古代的「床」實際上是一種坐具，樣子跟現在的摺凳差不多，構造原理上則跟摺凳完全一樣；而且，唐代建築門不透光、窗子很小且糊有窗紙，所以月光是很難透進去的。

李白的另一首詩《長干行》中有詩云：「妾髮初覆額，折花門前劇。郎騎竹馬來，繞床弄青梅。」如果「床」即是現在的床，那麼放置起來肯定是靠牆放，小孩子怎麼能繞著跑呢？當時的情景應該是這樣的：女孩子拿個摺凳坐在門前，折了一枝花玩；男孩子騎了個竹馬，繞著女孩轉來轉去。

白居易的《詠興》雲，「池上有小舟，舟中有胡床」，如果說是現在的「床」，如何能放進小舟裡？

後來的人們把這種「床」——也就是摺凳——做得大些，後面再加一個靠背，就成了我們所熟悉的「交椅」。

還有個成語叫做「舉案齊眉」，形容夫妻之間相敬如賓、關係融洽。這個成語說的是東漢名士梁鴻的故事。

梁鴻，字伯鸞，東漢平陵人，有才學又有氣節，是當時著名的名士。他娶的妻子叫孟光，生得粗黑醜陋，而且力大無比，能夠「力舉石臼」。孟光也是個不俗的女子，不願嫁庸俗男子，因此三十多還沒出嫁。後來仰慕梁鴻的氣節，主動要求嫁給梁鴻，梁鴻也久聞孟光的賢名，就娶了她。

孟光初嫁到梁家的時候，認真化妝打扮了一番。梁鴻看了不但不高興，還七天不理她。後來孟光卸了妝、去掉首飾，穿上樸素的衣服親自勞動，梁鴻才轉怒為喜。

婚後，兩人到了灞陵山中去隱居，夫妻之間相敬如賓。每次吃飯的時候，孟光都會把盛食物的「案」舉到眉毛那麼高，端給梁鴻；梁鴻也舉著端過去，然後才吃。

上面這個故事中，「舉案齊眉」的「案」是現在的桌案嗎？顯然不是。現在的桌案體積較大，四腿較長，孟光固然能「力舉石臼」，要穩穩當當地舉著一個擺滿酒食的桌案來回走，恐怕很難做到。其實這裡的「案」是盛食物的托盤，盤底有四個短足，絕非現在的「桌案」。

「舉案齊眉」形容的是夫妻之間相敬如賓的關係，但如果對古代家具不了解，很容易就理解成形容孟光力氣大了。

第三節　聖賢已死成灰土，棄杖猶得化鄧林——藏品的學術研究價值

藏品是古代文化的產物，它們在學術上的意義不僅表現在史學方面，在思想史和文學史研究方面的意義也是非常重大的。當然，這主要是指文獻類的藏品。

中國古代的「絲綢之路」，是連接古都長安和中亞、西亞、歐洲的一條交通要道。在絲綢之路中段、河西走廊的西段，有一個地方叫敦煌。從這裡開始，絲綢之路開始分叉為南北兩條路。由於位處三岔路口交接之處，敦煌曾經是政治、經濟、軍事要地和中西文化交會之地。因此，從魏晉開始，就有很多佛教徒在這裡開鑿洞窟、雕刻佛像、繪製壁畫，從事宗教活動。到了武則天的時候，這裡的洞窟數量已經過千，即舉世聞名的莫高窟。到了明清時期，由於氣候變化和閉關政策的影響，絲綢之路一度沉寂，敦煌也從此變得默默無聞。

西元一九〇〇年，一個叫王圓祿的道士在這裡募化修補佛像，無意之間發現了一個藏有大量經文的密室。這個發現不久之後就引發揮了世人的注意，敦煌一夜之間聞名世界。這個藏經密室後來被稱為「藏經洞」。

在藏經洞中發現的數萬件文獻材料，包括宗教文獻、儒家經典、語言學資料、史籍地誌、考古與藝術材料、文學作品，

以及天文、曆法、醫學等科技方面的史料，彌補了古籍材料方面的很多缺失，文化價值不可估量。

後人現在研究宋代以前中國古代文學所依據的材料，大多數是出自文人之手的「雅」文學；而關於民間俗文學的材料，由於古人認為它們是街談巷語，不能登大雅之堂，而不被重視，所以留下來的作品很少。敦煌文獻中則保留了很多民間文學作品，從題材上看有民間變文、俗詞、俗賦等等。

什麼叫做「俗賦」呢？我們都知道「漢賦」是漢代最有代表性的文學樣式。「漢賦」主要指的是漢代散體大賦，由於是文人所作，文辭比較典雅，內容也比較嚴正；而「俗賦」顧名思義，就是文辭相對俚俗，甚至錯別字詞也很多，內容上以娛樂性很強的故事為主。

《韓朋賦》是一篇流行於唐代民間的很有代表性的俗賦作品，講的是戰國賢士韓朋的故事。韓朋的故事在西漢時就出現了，兩晉之際干寶在《搜神記》裡也曾記載過它。敦煌版的《韓朋賦》不但在篇幅和情節上比前代的故事豐富了很多，在藝術手法和風格上也體現出唐代文學獨特的風格，比如說極度誇張的手法和濃厚的浪漫主義色彩。

敦煌的俗賦作品還有《燕子賦》、《晏子賦》、《醜婦賦》、《龍門賦》等，此外還有大量的敦煌詞，這些作品都是研究古代尤其是唐前民間文學發展情況的寶貴材料。

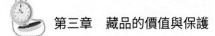

除了敦煌文獻，上面我們提到的商周甲骨文、金文中也包含了大量古代社會生活的訊息，其學術研究價值也是不可估量的。

「甲骨四堂」之一的「觀堂」王國維先生被人們稱為「中國近三百年來學術的結束人，最近八十年來學術的開創者」，他的治學方法就非常獨特，陳寅恪先生總結為「取地下之實物與紙上之遺文互相釋證」，「取異族之故書與吾國之舊籍互相補正」，「取外來之觀念，與固有之材料互相參證」。

這三句話意思是說，用考古發掘出的材料與現有的古籍材料互相印證，拿外國的古書和中國的古書互相印證補充，學習和借鑑外國的觀念來研究中國已有的材料。這三條也是現代學者進行學術研究所採用的主要方法。

在「取地下之實物與紙上之遺文互相釋證」的研究方面，王國維先生的甲骨文研究成就最突出，很多觀點直到現在還被學者們奉若金科玉律。

最近三四十年以來，郭店楚簡、雲夢秦簡、馬王堆帛書等秦漢簡牘文獻的出土，又給學術研究提供了大量新鮮寶貴的材料，引發揮了學界的研究熱潮。其中最著名的簡牘之一——上博簡，原來是香港的收藏品，後來被上海市博物館所得，所以命名為「上博簡」。

第四節　舉世爭稱鄴瓦堅，一枚不換百金頒——藏品的經濟價值

收藏，尤其是文物收藏，可謂是一項「貴族」事業。之所以這麼說，是因為藏品多數是價值不菲的珍寶，要想收集和保有它們，就必須擁有一定的經濟實力作後盾。當然，一些藏品種類本身並不是珍貴物品，比如前面提到的沙子、鳥聲、夢境等比較「另類」的收藏。儘管如此，積少成多，當這種收藏形成了一定的規模，不僅收集的過程花費的精力和財力會越來越多，而且如何保管好這些藏品，也是一個很費心思和金錢的事情。

中國古代歷來就有厚葬的傳統，這種現象早在原始社會私有制產生的時候就出現了。後來，把大量金銀玉器、土木偶俑、錦繡衣物等埋進墳墓為死者殉葬的風氣愈演愈烈。三代以奴隸為私有財產，與牛馬器物無異，也曾大量作為殉葬品，或殺死，或活埋，作為陪葬。這種人殉的行為在商朝特別盛行，到了周朝就少多了，而是改用偶俑代替活人，比以前文明多了。儘管如此，還是被孔子罵道：「始作俑者，其無後乎？」

人們為什麼要這麼做呢？實際上這是對死者的一種尊重和崇拜。古代人認為，人死了並不等於不存在了，死者只是離開了這個世界，去了另一個世界繼續生活而已，而且死者生活的世界離天神更近，在那裡死者可以與天神直接溝通。所以，儘

管他們死了，人們還是會把他生前使用的、喜歡的東西埋到墳墓裡，供他以後繼續享用；而且還要四時祭祀，以討得死者歡心，好讓他們在天神面前給活著的人多多祈福。

在古代墓葬裡，不光有陪葬品，還有記錄陪葬品明晰的清單，叫做「遣策」。這種「遣策」是幹什麼用的呢？唐代賈公彥說：「則盡遣送死者明器之等並贈死者玩好之物，名字多，故書之於策。」意思就是說，活人獻給死者的玩好之物由於名目比較多，所以列在簡冊上。說白了，「遣策」就是活人給死人送禮時的禮單，是給死人看的。因此從某種程度上說，陪葬品就是活人替死者收集的死者的「收藏品」。

周秦時代，這種隨葬風俗已經制度化了，什麼身分的死者穿什麼衣服、用什麼棺材、隨葬什麼東西等都有明確規定。秦漢時候出現了一種特殊的葬器「黃腸題湊」，就是拿像枕木一樣的柏木榫卯相接，堆砌成牆，構成墓室。這種厚葬方式由於耗費太大，後來就不再用了。

漢代厚葬成風，不光墳墓裡要有金寶、玉器、車馬、偶俑，地面上還要築發揮高大的封土堆，在上面建造宮殿房舍作為祭祀和守靈的場所，甚至還要讓屍體穿上「金縷玉衣」，希望能借助玉的寒性使屍體永不腐爛……總而言之，極盡豪奢，導致了社會財富的嚴重浪費。

三國時期，戰亂頻繁，民生凋敝，但是這種風氣仍然不減。終於到了建安十年，也就是西元二百〇五年，曹操發布了禁止厚葬的命令，後來又下令禁碑。

曹操是個比較通脫務實的人，他根本不信陪葬品能被死者帶到另一個世界繼續享用。割據混戰的時候，為了彌補浩大的軍費開支，曹操曾建立專門的盜墓軍隊，並設立「發丘中郎將」和「摸金校尉」的官職，專門負責盜墓，盜出來的金銀財寶和文物全部變賣，充作軍費。這麼看來，厚葬的風俗倒是幫了曹操一個大忙。

殘酷的現實讓曹操父子認識到，自古沒有不被盜掘的墳墓，哪怕修得再堅固，設計得再巧妙，也終會有被盜掘的一天；如果把用於修建陵墓的錢用在人事上，國家的運作還會長久些，也不至於因為陵墓藏寶太多招惹盜墓賊。

所以曹操一向主張薄葬，他在死前兩年就下令說：「古人建墳墓，必然選擇土壤瘠薄的地方。我的墳墓就建在西門豹祠堂西面的空地上，因高地建陵，不要封土堆，也不要墓碑。按照古代禮制，有功的大臣死後可以在我的墳墓旁邊建墳，以為陪陵。所以，我的墓地要找個寬敞的地方。」臨死前他又叮囑兒子曹丕說：「現在天下還沒安定，一切葬禮從簡，下葬後就不用再守孝了。命令各地軍民不要因為我的死而擅離職守，更加不要在我的墳墓裡陪葬金玉珍寶。」

當然，他們說的話未必真去實踐。史書記載，唐太宗臨死前也說了和曹操類似的話，讓兒子為自己薄葬。結果呢，到了五代溫韜盜掘昭陵的時候，發現裡面宮室宏麗，跟人間的宮殿沒有差別。曹操墓是不是也如此呢？西元二〇〇九年年底，河南安陽發掘出一座魏晉時期的墓葬，考古人員認為這就是曹操墓，但是這種說法遭到了很多學者的質疑。到底是不是曹操墓，如果不是，真正的曹操墓在哪裡呢？這還需要考古工作的進一步探索。

那麼，曹操為什麼又要禁碑呢？先秦時候，用於測日影的華表、拴牲口的石柱，以及豎在墓坑裡用來下放棺材的柱子都叫做「碑」，但是這些柱子不是刻字用的；那種用來刻字記功的碑，反而叫做「刻石」，最有代表性的就是秦始皇東巡時的七方「刻石」。

我們現在所指的「碑」，是東漢時才有的。漢代既重家族出身又重師承，很多豪強大族就是靠著這種關係建立發揮來的。他們中有人死了，他的門生故吏就會主動湊錢刻碑。碑文內容以紀念和頌揚死者的功德為主，東漢末年的大文學家蔡邕就特別擅長寫碑文。那時，立碑是一個家族勢力、地位和威望的象徵。

曹操出身寒微，他的父親曹嵩又是大太監曹騰的養子，這在重家族門第的魏晉時期不是什麼光彩事。尤其在曹操成為一方霸主之後，出身問題更成了敵人攻擊他的話柄，甚至有人侮辱他為「贅閹遺醜」，這對他本來就不甚牢固的統治十分不利。

立碑作為一種宣揚家族勢力的方式，對曹操的統治有害無益，所以曹操在下令禁止厚葬之後，又頒布了禁碑令。透過這種方式，他可以在一定程度上打擊和遏制地方家族勢力，加強中央集權。

從此，禁碑令在曹魏政權統治地區一直實行著，西晉政府延續了曹魏的做法，也嚴格實行禁碑令。這種做法直到東晉才有所緩和。有人不禁要說了，既然曹魏和西晉都實行禁碑令，那麼我們現在看到的《曹真碑》、《王基碑》等魏碑字帖是怎麼來的呢？

「禁碑」並不是完全禁止立碑，有幾種情況還是可以特許立碑的：一種是朝廷對死去的建有大功的官員特許立碑，以示恩寵；一種是地方百姓或門生故吏向朝廷上書，懇請為官長恩師立碑，得到朝廷允可的；還有一種是朝廷為彰顯本朝功績而立的碑，比如魏明帝就曾把其父曹丕的《典論》刻成碑。總而言之，官家可以根據需求隨時立碑，而私人必須經朝廷許可才能立。

正因為魏晉禁碑令的頒布，魏晉碑帖流傳下來的不多，作為藏品收藏的時候才更加珍貴。

禁碑令只是特殊年代的特殊政策，在絕大多數時候，統治者們對園林陵墓的修建和對文物的收藏都是十分在意的。最有名的就是清代建築的皇家園林，人稱「萬園之園」的圓明園了。

圓明園在清代康熙年間還是一處名不見經傳的小園林。康熙十八年，康熙皇帝把這個園子賜給了四皇子胤禛 —— 也就是後來的雍正皇帝 —— 並把園子命名為「圓明園」。「圓明」是胤禛的佛號，意思是「品德圓滿完備，智慧明達通徹」。

雍正即位之後，對圓明園進行了大規模的擴建裝修，圓明園就成了他的行宮。乾隆的時候，對圓明園的建設遠遠超過了雍正，此後的數代帝王都對圓明園做過不同程度的擴建或裝飾。

經過數代皇帝一百多年的不停建設，全盛時的圓明園占地五千二百多畝，有景點一百五十多個。除了集中西、南北建築之大成的園林建築外，圓明園裡還收藏了大量歷代文玩字畫、金銀珠寶以及中西方名貴器物；園中還建有文源閣和淳化軒等藏書樓，收藏有《四庫全書》、《古今圖書集成》等珍稀古籍和《淳化閣帖》等書帖，堪稱當時世界上規模最大、收藏最豐富的博物館。

西元一八五六年，第二次鴉片戰爭爆發，清軍節節敗退，北京城被英法等國聯軍占領，咸豐皇帝倉皇出逃，前往承德避暑山莊避難。西元一八六〇年十月，英法聯軍進攻圓明園。

攻進圓明園的頭一天，法軍司令就下令搶掠園中最珍稀的文物，把它們運回法國，獻給法國皇帝或藏到法國博物院裡；英軍也不甘示弱，下令「竭力」取走園中「屬於英人之物件」。這還只是搶掠的開始。

到了第二天，面對園內無窮無盡的珍寶，聯軍士兵再也按捺不住，開始了瘋狂的搶掠。英國人施維何在《一八六〇年華北戰役紀要》中記錄了當時搶劫的混亂場面：

「當夕陽西下之時，有聯軍進園，時為門監多人所阻，乃格鬥，殺門監，於是一哄而進，散至各處，見陳設之華麗，器皿之珍貴，儼若一博物苑。及至一室，見一八五六年之中英條約，猶在書案上也。同時法兵則肆意搶奪，遇無數金表，好之者，以手攫之；不好之者，則亂擲之，鏘然作響，以為豪舉。時聯軍司令則以為劫掠殊不當。

「及七日（西元一八六〇年十月七日），聯軍司令忽下令，曰：『入園劫掠勿禁』。於是英法軍官與兵弁，以及中國人，皆雜遝而入，大肆劫掠。無論何人，皆可進園，全園秩序最亂。而各處殿宇，已焚燬不堪矣！時法營即在園前，法人手持木棍，遇珍寶可攜者，則攫而爭奪之；遇珍寶之大件不可攜者，若銅器，瓷器，楠木等，則棒擊之，必至齏粉而後快。」

「有英法多人入一室，群聚揭一寶箱，又有多人，群集奪清帝藏衣櫃內之衣服，一時紛雜，爭奪，毫無官長階級。而大掠之後，中國人亦雜入搶掠，終日不息。英軍既掠而回，有人組織將有價值之古物珍器，收羅而保存之。」

「及焚掠之末日（九日），英軍因焚掠事發揮內訌，蓋最初得軍令者未嘗有所搶掠也；及後得入掠勿禁者，則滿載而歸。軍令不一，人各不平。於是有掠者以九成金之亭贈隊長，以為賄；甚有一軍官，以所掠最多，恐有損於己，乃獨跨馬馳安定門而住宿焉。」

「英軍長官欲彌縫其變，乃於十一日拍賣所掠之物。來購者塞途，爭相買也。一卷古書，可值數兩金者，則賤價一元；古瓷器亦一、二元，或數十元不等；結果得二萬二千兩，及圓明園銀庫所得，六萬一千兩，共九萬三千兩，乃以三分之二償搶掠者；三分之一償軍官同時有英人，陳設所掠之珍寶古物於古廟若一展覽會然。」

參與搶掠的不只是侵略者，還有很多中國人。搶掠之後，為了向清政府示威，英法聯軍放火燒毀了圓明園。大火整整燒了三天三夜，整個北京城都籠罩在滾滾濃煙之中。不僅如此，園中還有太監、宮女、工匠等三百多人來不及逃出，被燒死在園內。

由於園內藏品的清單帳目也已燒毀，侵略者搶走和燒毀寶物的具體數目後人已無法得知。據統計，僅事後從中國匪徒那裡查繳的和聯軍丟棄的寶物就接近一千二百件，而這僅是圓明園藏寶的九牛一毛。當時有很多人專門從侵略軍經過的沙土地裡篩淘他們散落的寶物，以此牟利。百姓中還流傳著這樣的話，「篩土，篩土，一輩子不受苦」，僅是散亂的細碎物件就可以讓人「一輩子不受苦」，可見圓明園藏寶之豐與損失之巨了。

當時的《泰晤士報》稱：「據估計，被劫掠和被破壞的財產，總值超過六百萬鎊。」現在看來，六百萬鎊並不是多驚人。如果參照一下當時一英鎊的購買力，可能了解得更清楚些：《簡·愛》（*Jane Eyre*）一書中簡愛作為家庭教師，一年的工資是二十英鎊；達爾文曾在鄉下買了一棟大房子，花了兩千英鎊；西元一九二三年建造溫布利球場的時候，僅花了七十五萬英鎊。而且，被搶走和毀壞的物品中有很大一部分是文玩字畫和珍貴書籍，這些藏品的價值都是無法估量的。即便如此，六百萬英鎊仍是個令人髮指的數位。

由於藏品，尤其是文玩類藏品的經濟價值驚人，早在唐代就出現了專門從事文玩買賣的商人。經過宋元明三代的發展，到了清代，形成了專門的文物藏品交易市場。當時北京城的古玩交易市場最為發達，由於很多只在夜間交易，是一種地攤式交易市場，所以又被稱為「鬼市」。除了地攤式的交易市場外，還有門市式的交易市場——就是透過專門的門頭來經營文玩交易的市場。

如今，中國的收藏事業逐漸繁榮起來，藏品交易方式也開始與市場經濟接軌。除傳統的交易方式外，還出現了郵購交易、拍賣交易，甚至網路交易。

其中拍賣交易是相對比較正式、檔次比較高、交易規模比較大的一種交易方式。中國最早的拍賣機構出現在十九世紀初的上海，是英國人開辦的；而第一家拍賣公司是西元一九八六年成立的國營廣州拍賣公司。

隨著社會市場經濟體制的逐步完善，中國的拍賣業，尤其是藏品拍賣業遍地開花，很多大型拍賣公司相繼成立，並取得了喜人的業績。與此同時，中國在拍賣方面的法律法規也在進一步健全和完善，為拍賣業的進一步發展提供了法律和體制保障。隨著藏品拍賣業的發展，很多經濟學家開始對此進行研究，取得了很多成果。新時期的收藏事業也不再僅僅是個人喜好和自娛的方式，而成為市場經濟的重要組成部分。

第五節　收藏終恐非吾物，寶劍銀鉤有時失——藏品的變遷、收納和保護

正是由於藏品擁有多方面的價值，它們才會為世人所青睞和追求。也正因為如此，才發生了那麼多關於藏品變遷和保護的故事。

傳國玉璽

每朝每代，最高統治者都有象徵最高權威的璽印，在中國歷史上，就有一塊玉璽流轉千年，撲朔迷離，至今仍為一段懸

案。這塊玉璽就是傳國玉璽。

《韓非子．和氏》中記載過這麼一段故事：

西元前六百八十九年，有一位老人在楚山腳下痛哭。他哭得驚天地泣鬼神，足足哭了三天三夜，最後哭出了血淚。楚國轟動了，人們紛紛跑去圍觀，國君也派人去詢問事由。老人說，他懷抱一塊美玉，然而兩次獻玉都被小人陷害，遭到刖刑，雙足都被砍斷了。圍觀者於是勸慰他說，獻寶被逐的人有很多，你又何必如此痛心。老人停止了哭泣說，你們不知道啊，這是一塊璞玉，是天底下最好的玉石，誰要是得到了它，必定能得到天下。

楚王聽說之後，收留了老人，接受了這塊石頭，並派玉工把石頭鑿開。只薄薄地鑿開一層，精緻細膩的美玉便露出了一角。楚王果然從未見過如此美麗的玉石，於是用老人的名字卞和來給玉石命名，這就是大名鼎鼎的「和氏璧」。

關於「和氏璧」之爭，有兩個比較著名的故事——「完璧歸趙」和「澠池之會」。楚國的美玉「和氏璧」是如何到趙國手中的，其間細節不得而知。但最初在楚國，這塊玉璧並沒有受到足夠的重視，它在楚國宮殿中靜靜地沉默了幾百年，後來被楚王送給了一個國相。幾經流轉，它被趙國人得到。

秦王嬴政聽說了玉璧的奇美，便想得到它，尤其是聽說得玉便得天下的傳聞後，想方設法從趙王手中騙走玉璧。接下來就是藺相如「完璧歸趙」的故事了。藺相如果然不負趙王的厚望，有勇有謀，在秦王大殿上以身護寶，最終秦王的詭計沒能得逞。一計不成，再生一計。秦王又搬出了「澠池會晤」的把戲，想在會談中好好地損損趙王，結果沒想到聰明的藺相如又將了他一軍，令他自己也容顏掃地。這個時候秦王手下重提用城池交換玉璧之事，傲慢地說要趙王用十五座城池當成秦王壽禮。藺相如馬上說，那就請秦王用都城咸陽當成獻給趙王的壽禮吧。玉璧終於被保護住了。

然而趙國畢竟弱小，當秦王統一六國的大軍兵臨城下時，趙王自知無力抵抗，便只好令人把自己捆起來，帶著那塊玉璧，跪在城門口迎接秦王。這樣，玉璧最終落到了秦王的手中。

秦王嬴政是個野心勃勃的人，也比較迷信，因為獻璞老人的預言，他對美玉非常重視。於是他開始著手建立帝制，其中就有一項是製作國璽。

玉璽的材料當然是這塊精美絕倫的「和氏璧」。秦始皇命令玉工王孫壽，根據這塊美玉的尺寸大小，製作了一塊四寸見方的璽印。這是有史以來最大的一塊璽印，正合始皇的心意。他命人在璽印上刻上了「受命於天，既壽永昌」的字樣，由當時書法家李斯書寫。玉璽的造型是螭虎盤踞，象徵神聖的螭和代表威力的虎，將秦始皇唯我獨尊的氣勢表現得淋漓盡致。

然而得到了美玉的秦朝並沒能夠千秋萬世地坐擁天下。秦王當上開朝皇帝之後，玉璽具有了無上的權威，成為最高統治者意願的象徵。於是，從它的誕生之日發揮，它就注定要經歷無數的爭奪，見證爭權奪利者的瘋狂面目。

據說秦始皇在南巡時，隨身帶著玉璽，曾有一次掉進了太湖中，後來又有神仙拾回還給了他。但這顯然是比較神奇的說法，具體有幾分真，史書也沒有記載。始皇死後，胡亥繼位不久，短命王朝就匆匆結束了，而這塊玉璽則被始皇的孫子子嬰當成歸降禮物送給了劉邦。

劉邦得到玉璽自然非常珍視，在他建立漢朝之後，這塊玉璽便成了「傳國玉璽」，他也想讓子孫後代永遠傳承下去。

這塊玉璽身價越高，窺探的人就越多，在漢朝的幾位帝王承接過程中，就經歷了連番波折。到了西漢大勢已去之時，還發生了一件「太后擲璽」的事情。當時王莽很想得到玉璽，他的目的很明確，要篡位自立。身為姑母的太后，當然不能輕易交給他，於是在迫不得已的情況下，她將玉璽扔到地上，打算玉石俱焚。沒想到玉璽並沒有碎裂，只是崩掉了一個角。王莽拿到之後狂喜不已，但發現缺了一角之後又著實苦惱了一番。後來，他去找了個工匠，用黃金鑲補上了。

到三國時，討伐董卓的長沙太守孫堅，在帶兵進入洛陽時，發現了一口古井。這口井中有五色霧氣地緩緩升發揮，到了晚上顏色竟然更加明亮。孫堅聽到後，趕緊跑過去查看，派人下井之後，撈出來一塊玉璽，有一個角還是用黃金鑲補的。孫堅早就聽說過傳國玉璽的樣子，他斷定這個應該沒錯，心中竊喜。然而，這件事被袁術知道了，他綁架了孫堅的妻兒，逼他交出玉璽。孫堅無奈之下只好交出，而他也因此招致了殺身之禍。

三國紛爭，最終歸於曹魏，傳國玉璽隨之輾轉到了西晉統治者手中。然而，朝代更迭總是難免戰禍，玉璽也在經歷了幾代風波之後，在唐五代的烽火中銷聲匿跡。此後雖然代代都有人稱找到了傳國玉璽，卻全部都是假冒偽劣之作，只是為了討好當時的君王罷了。

斯坦因與敦煌

英籍匈牙利人斯坦因（Marc Aurel Stein），在西方考古學界很有盛名，然而對於某些人來說，他何嘗不是一段恥辱的代名詞。他因敦煌而聞名，敦煌因他而受傷，在它們中間，還有一個愚蠢的王道士。

王道士名叫王圓祿，是麻城人，兵荒馬亂中為了謀生，四處逃難。他先是在軍隊中充當小卒，後來加入了道教，道名「法真」，一路到了新疆。

他不想再漂泊，打算找一個地方安頓下來。機緣巧合，他來到了敦煌，看到莫高窟的聖境之後，決定在這裡定居。於是他在籌劃後蓋了一座寺廟，在此布道修行，這就是後來的「下寺」。

西元一九〇〇年六月二十二日這一天，王道士像往常一樣招呼道童們收拾洞窟。就在這瑣碎的雜活中，他打開了一扇古老的大門，敦煌，就這樣展現在了眾人的面前。

王道士拿了幾卷古書去找敦煌知縣，這個末代父母官完全沒有把這當回事，他甚至有些不耐煩，只想盡快打發走這個精瘦的老道士。

王道士碰了一鼻子灰，他是個半文盲，自己也看不懂這些古書寫的到底是什麼。為了起碼撈到一點好處，他開始零零散散地把這些古書卷送人，換點人情和微薄的收入。有一個叫葉昌治的蘇州人，他是個金石學家。他不知從哪裡看到了一份敦煌書卷，一下子謹慎起來，上書建議把這些文獻保護起來，或者運回京城。

然而，當時的清廷自己的性命都顧不及，誰也不想管這事，而且運費是個不小的數目，誰都不想出這筆錢，於是就下令就地封存。

封存是封存了，消息卻散播開了。英籍匈牙利人斯坦因正是在這個時候聽到風聲，趕路中的他決定改道敦煌。

西元一九〇七年三月，他帶了一名中國翻譯來到了莫高窟。斯坦因不懂漢語，如果不是翻譯在中間周旋，他絕對不可能如此順利地帶走大批文獻。

這個翻譯叫蔣孝琬，因為他鞍前馬後、伺候周到、服務到家，斯坦因在回憶錄中還尊稱他為「蔣師爺」。

兩個人首先找到的是敦煌知縣，有意無意地探聽敦煌內情。隨後進行了兩次實地窺探，五月二十一日，他們終於見到了王道士。

令他們失望的是，王道士閉口不言洞中詳情，只是不冷不熱地招呼他們上香拜佛。斯坦因在回憶錄中說，「這是一個孤傲的、忠於職守的人」。

垂頭喪氣的兩個人回到住處討論，認為就此放棄實在太可惜，還是等待機會慢慢來吧。蔣孝琬比較清楚當時的國情，他認準王道士是一個突破口，於是建議斯坦因先跟道士打好關係。

斯坦因對「師爺」的話當然深信不疑。兩個人於是假裝對王道士信仰的宗教非常感興趣，好幾次要去寺中參觀道教儀式。王道士看著這樣一個鷹鉤鼻深眼窩的外國人，居然能對自己的宗教事業如此崇拜，顯然被迷惑了。他雖然無知，但也算是個虔誠的信徒，於是斯坦因的第一招奏效了。

王道士對他們放鬆了警惕，在蔣孝琬的周旋下，他決定讓這個外國人見識一下洞中的壁畫，只是拍拍照參觀參觀，不會有什麼損失。而且他認定這個斯坦因跟他一樣，對待他信仰的宗教非常真誠。因此，這麼做不過就是滿足一個同道中人的好奇心罷了。

他顯然上當了。斯坦因的目標根本不在這些壁畫，他想得到的是那些蒙著厚厚灰塵的古書卷。這次參觀讓他變得更為急切，回去之後他跟蔣孝琬苦苦謀劃，該如何打動這個膽小謹慎的老道士。

蔣孝琬不愧是「師爺級」的人物，他再一次發揮了八面玲瓏的看家本事，使得王道士徹底鑽進了他們的圈套。這一次他們借用了唐三藏取經的噱頭，極力渲染自己如何崇拜三藏法威，王道士雖然對佛教所知不多，卻同樣對唐三藏西天取經的事業奉若神明，因而再一次相信了斯坦因的話語。

當敦煌文獻的大門在斯坦因面前打開，這個域外學者兩眼放光，一顆心再一次狂亂地跳動發揮來。在這高達十英尺（約三公尺），整整五百立方英尺（約十四立方公尺）的手稿堆中，他用了三十七天的時間任意挑選，還要假裝不在意地將挑選出來的部分文獻交回王道士手中，以防道士發現這些文獻的珍貴。

最終，他只花了四十塊馬蹄銀（大概二百兩白銀）便駝走了一萬多卷六朝至宋代的經卷、寫本。另外，他還帶走了五口裝著五百多幅繪畫、繡製品等文物的大箱子。

然而，這並沒有令斯坦因滿足，幾個月後，他再次派「蔣師爺」帶人潛回莫高窟，又拿走了兩百多捆手稿。

西元一九一四年，斯坦因第二次來到敦煌，這裡遺留的珍貴文獻使他難棄貪心。這一次，他又拿走了四大箱經書。據說，次年當他的駱駝隊馱著沉重的經書走在沙漠邊境上時，由四十五頭駱駝組成的長長的隊伍，遠看去就像一列火車。

故宮文物南遷

歷史上，有這麼一群人，他們為了保護故宮中的百萬文物，進行了一場特殊的戰鬥。

「九一八」事變後，北平告急，全國告急。假如北平淪陷，故宮中的珍貴文物便會遭遇空前的災難。令人震驚的是，這個時候，居然有人提出申請，希望拍賣這些文物，用拍賣所得來購買飛機。一石激發揮千層浪，提議馬上被駁回，愛國愛文物志士奔走呼告，要求政府及時動員各界力量保護這些歷史遺產。最終，在各界人士的努力下，拍賣的事情被壓了下去。同時，這件事也迫使政府做出了盡快轉移文物的決定。

決議一出，北平各階層人民都表示反對，他們還上街遊行，表示要跟國寶共存亡。但形勢危急，最終這項決議還是被執行了，當時的行政代理院長宋子文下令，要將國寶裝運南遷，還向各界表示，等到北平形勢好轉，便將國寶送回。

西元一九三三年二月五日，當夜幕深沉，北平全城戒嚴。故宮中的文物精品被分裝成一萬三千多個木箱，由軍隊護送上了專列。

據說，在裝運時，負責文物保護的工作人員碰到了一系列難題。首先就是包裝問題。因為大部分文物都是易碎品，必須小心輕放。然而當時的物資比較匱乏，一開始設想用棉花和舊木箱，由於品質不行被徹底否定。人們只好臨時決定量好尺寸後，按規格製作一批新的木箱，舊棉花不能用，只好找別的代替。在這個過程中，有人想到了景德鎮給京城運送的瓷器貢品。於是大家將還未開封的貢品打開，實地學習如何裝運。這個方法果然奏效，易碎文物用棉花隔開之後，被放入木箱，空餘的空間全部用棉花塞緊，這樣火車一般的顛簸都不會傷害到器物。

在火車上遷徙的文物並沒有具體的目標，漫無目的地行走在向南的鐵軌上。快到浦口時火車停了下來，然而具體運往哪裡，當局還沒有決定好。這些文物便只能在鐵路上棲息了一個多月，其間由軍隊日夜保衛。之後上級下達命令將這些文物先遷往上海保存，同時在南京開始擴建朝天宮，專門用來存放國寶。四年之後朝天宮竣工，國寶們才終於有了一個安身之處。

然而，國寶身上的灰塵還沒來得及抖落，抗日戰爭全面爆發，北平被日軍侵占，上海也形勢危急。準備撤往西南大後方重慶的南京國民政府又下達了文物西遷的命令。於是這一萬多箱國寶再上顛沛流離的舛途。

當局很清楚這麼一大批文物，要全部撤離是非常困難的，所以決定分成三路，先盡快離開南京，等安全撤離之後再尋找會合的機會。第一路護送八十箱古物，運往長沙，暫時寄存在湖南大學圖書館。然而，剛到長沙不久日軍就轟炸了長沙，工作人員接到遷往重慶的通知後，馬上撤出長沙，沒幾天湖南大學圖書館便被炸毀，國寶們總算逃過一劫。第二路從長沙出發由水路往上游到達漢口，一路還算比較順利。第三路攜帶國寶數量最多，足足有七千多箱，轉移方向是北上至寶雞，這也是路途最遠、風險最大的一條路線。

由於計劃的路線是要翻越秦嶺，當時是冬天，山裡面雪很大，路非常不好走。第三批文物運出之後，秦嶺地區下發揮了很大的雪，路全部被雪封住，人車無法行進。護送人員決定停運一天，就地休息。誰知雪越下越大，前後又荒無人煙，大家沒有糧食準備，只好在附近唯一的一家麵舖吃麵。小小麵舖根本供應不了這麼多人，又面臨斷糧的危機。於是又派人冒著風險回去通報消息，同時運來口糧，部隊最後終於順利完成了任務。

文物的南遷工作並沒有結束。西元一九四八年十二月，國民政府計劃撤往臺灣，於是下令將百萬國寶挑其精華運往臺灣，這個決定遭到了當時故宮博物院院長馬衡的反對。他不能公然對抗不予理睬，就以生病為由拒絕南下，還在裝箱的過程中極力強調文物的安全，盡可能放慢裝箱速度。在戰爭形勢最緊迫時，馬院長還下令封鎖故宮交通，最終這些精選文物一件也沒能離開故宮。

然而，仍有兩千九百七十二箱文物被運送到了臺灣。當時，這些文物被分成三批，在南京的碼頭被運上軍艦和商船，經歷四五天的顛簸到達臺灣。在臺灣又等待了將近兩年，才有了一個暫時的安身之處。西元一九六五年，臺北「故宮博物院」落成，這些歷經磨難的文物才最終安定下來。

故宮文物南遷過程艱辛，可謂另一種形式的長征。

第四章　收藏中的作偽

模仿是人的天性，孩童在不諳世事時總是對大人行為進行模仿，人們學習知識的過程，也是一種模仿。模仿是接受經驗的基礎，雖然不易察覺，但確實存在。

作偽其實也是一種模仿，只不過這種模仿的動機各有不同，而動機不同，所採取的方法也就不同。儘管擬古與作偽有高下之分，但贋品價值的高低還需要我們辯證地看待。

第一節　近來好事工作偽，片瓦輒欲誇香姜——作偽的出現

作偽是作偽者們採用各種手段、各種工藝，模仿歷史上流傳下來的精華事物。它體現的是對模仿對象的一種認同與追隨，它可能有難以啟齒的利欲機制，但又大量存在著純粹出於學習目的的人，有一小部分還是出於其他個人目的而刻意精工仿造。所以，看待作偽，要從其動機、目的和獲利等方面綜合考慮，不能全盤否定或全盤肯定。

自夏商周三代以來，中國每朝每代都存在模仿前人工藝的製作，尤其是對某時期最為出色的藝術精粹進行模仿，似乎已經形成了一種慣例。比如，商周時代的青銅器爐火純青，已經到達藝術的高峰，於是晚出的朝代便競相模仿，幾乎每一代的朝廷都會專門設置仿製商周銅器的機構。

這種現象在復古熱潮高漲的時代則更為突出。在清代，封建制度走到了總結階段，各種文化於是也進入總結階段，復古雖然並未形成明顯的思潮，卻幾乎每一個藝術領域，都有過一兩次仿古熱潮。比如玉器工藝，乾隆時期有一個仿古玉藝高潮。當時的著名玉工姚宗仁雖然地位卑微，卻因為世代為玉工，家庭薰陶使他對各時代的玉器工藝相當熟悉，仿古技術堪稱一流。正是靠這種巧奪天工的手藝，他獲得了乾隆的讚譽，乾隆甚至要為他立傳。

其實對於真正技藝高超的人來說，「作偽」這種說法可能略顯逆耳，他們更願意說自己是在「仿古」，因為他們的目的是對精粹文化的追隨。清代文人邱光華的《晚晴簃詩匯》中有一首短賦，就是為一塊精美的「太史硯」而作。這塊硯石非常的漂亮，而且追隨太史叱吒文壇多年，對於文人來說，是具有特別的意義的。有人花了一大筆錢購買了這塊太史硯，然而卻做著巧偷豪奪之事。詩人說「近來好事工作偽，片瓦輒欲誇香姜」，當他仿作出了一塊同樣精美的硯臺，便覺得真真假假都已無所謂。因為東西的價值是因人而不同的，雖然這是個偽作，但自己仍然覺得它精妙無比，珍貴異常。

從這首詩賦中大概得以窺見一點作偽者的心態。有文化追求的人，他們喜歡作偽，只是自己的愛好使然，跟利益勾當無關。他們偽造出來的作品，也大都由自己保管，作為一種玩物，而不是拿去騙人騙財。

儘管如此，不得不承認，古往今來，以此牟利的作偽者還是大批地存在著的。他們占據了大半作偽領域，並且常常掌握最先進的技術，往往能有完美的仿製品產出。如今，收藏市場的火熱程度與以前有過之而無不及，更是催生了一個又一個專業作偽集團。但是，我們仍然需求謹慎對待，畢竟贗品也有贗品的價值，有它相應的市場。

第二節　誰雲攘攘皆為利，世間尚有米元章——作偽的動機

人們出於什麼動機而作偽？這個問題可以簡單地歸結於兩個方面——名或利。那麼，究竟為的什麼名，又為了多少利呢？

慕古

慕古心態，向來是中國人和中國文化的一大特徵。孔子就說過「述而不作，信而好古」，意思是他崇尚古老經典的東西，所以平生只要整理舊典就夠了，不用再去創作。事實上，他花費畢生精力試圖恢復周禮，也可稱得上是一種慕古和復古吧。

對經典的崇拜與模仿，在文化人類學的角度來看，可以說跟古人的生產方式以及由此而形成的思維方式有極大的關係。因為中國是一個歷史較早的農業國家，小農經濟的最大特徵是自給自足，四季循環，年復一年。這種依賴耕種經驗的生產方式，深刻地影響了耕種者的思維方式，逐漸形成了對生產經驗的崇拜與模仿，由此便具有了崇古及仿古的潛在特徵。

中國的書畫作偽發軔於魏晉南北朝時期，從這一時期書畫作偽現象的產生及流行，可以一窺作偽者的心態。

魏晉及南北朝幾百年的歷史，可以說是華夏民族非常特殊的一段時期。這個時期的玄學超越了儒家思想而占據社會主流地位，這就好比現在的非主流逐漸成了主流。那時候士族實力雄厚，很多士族的家學底蘊都非常深厚，名流多，學習名流的更多。在《世說新語》中，可以找到很多有趣的小故事。比如〈雅量第六〉裡就講了這樣一則小故事。

豫章（今南昌）太守顧邵是顧雍的兒子。邵在南昌死亡，彼時雍正跟一群僚屬們下圍棋。送信人來，他打開一看，並沒有兒子送來的書信，雖然神色不變，心裡卻都明白了。用手指掐著手掌，血流到座席上把坐墊都染紅了，仍不動聲色。等到賓客都已散去，才喟然長嘆說：「我既然沒有延陵（吳國公子季札，去了趟齊國回來得知兒子死了，沒有過多的悲傷，只是簡單地安葬了他）那麼厲害，又何必像子夏失明（子夏因為兒子死去而哭瞎了眼，被曾子批評）那樣遭到罪責呢？」說完之後才舒了一口氣，恢復了臉色。

的確，魏晉人愛面子，「雅量」說的就是忍，不過故事中的顧雍還是沒忍到家。正因為有這樣一種風氣，一旦有社會名流出現新奇動作，競相模仿者不亞於現在的追星族。

這種模仿現象在書畫領域得到了高水準發揮，當時就有「新渝惠絛，雅所愛重，懸金抬買，不計貴賤」之說。一些書畫名士的作品被其崇拜者拿來臨摹，從而產生大批摹本、贗本。雖然這些臨摹者主要是為了學習和模仿名家的筆法，並不一定故意作偽，卻在客觀上造成大批仿作和贗品的出現，一旦被牟利者利用，便給鑑定帶來很大困難。

當然，的確存在這樣一些名家，他們本身便有嗜古的傾向，比如米芾據說就是嗜古成痴。他們具有極為扎實的基本功，把能摹仿古代名家的名作當成自己技藝精湛的實證，而且經常摹仿，創作了很多摹古之作。這些名家的摹古之作後來也成為市場上炙手可熱的藏品。如今，張大千、吳湖帆、謝儷少等名家的摹古之作就常流入市場，往往一露面便被瘋狂追捧，這當然是因為他們就是名家的緣故。

即使不是名家，也可能摹古技術一流。《太平廣記》記載：

王羲之曾給穆帝上了一份表，雖然書寫隨意，筆法卻非常精妙。穆帝於是讓人找到顏色相似而長短寬都跟表相等的紙張，讓張翼仿效而寫，幾乎一毫不差。穆帝在後面寫上自己的答覆送回給王羲之。王羲之一開始沒有察覺出來，後來仔細端詳才發現是盜版，於是長嘆說：「被小人拿來以假亂真了！」可見當時模仿技術到了如何出神入化的地步，甚至連王羲之本人都分辨不清。

真跡與仿作的混亂局面，雖然造成了鑑定的困難，但同時也推動了鑑定學的發展。比如在《答陶弘景書》中，就有梁武帝蕭衍鑑定王羲之筆跡的語句：「逸少書無甚極細書。《樂毅論》乃微粗健，恐非真跡。《太史箴》如複方媚，筆力過嫩，書體乖異。上二者已經至鑒」。

牟利

模仿名家作偽可能僅僅是出於一種學習心態，是追名的表現，然而對於某些刻意作偽者來說，「名」可能已經不是追求的目的了，他們的目標是「利」。

對於逐利者，利越多越好，沒有上限，所以作偽的數量與技術也是與日俱增。從書畫作偽的歷史進程來看，魏晉南北朝是發軔期，此後經歷兩個高峰，一個是宋代，一個是明清。由此可見，商品經濟的發展是推動作偽發展的一大動力因素，關鍵就在於市場需求的擴大。

宋代開始，歷史走向文人治國的時代，文人地位抬高，文人風氣便影響全國，產生了一大批附庸風雅的官員和商人。這一方面是由於儒家文化中的崇文素養，另一方面也跟慕古心態有關。雖然有慕古之心的只是一部分人，但由此而生的市場需求卻催生了一大批作偽者。

作偽一般成本較低，如果掌握了技術，成功複製名品便能獲得豐厚的回報。

作偽的回報與其成品品質成正比，如果作偽技術高明，連專業的鑑定家，甚至被仿者本人都不能成功分辨出真假，那麼對市場上沒有專業水平的購買者來說，他們就非常容易上當受騙了。廣東曾經出過一個規模很大的「文物走私案」，當時海關請了幾位文物鑑定專家來鑑定截獲的走私物。專家經過鑑定給出的答案令人吃驚：這批瓷器是明清時期成品，國內罕見的珍品，其中還有國家一級文物。

然而當海關順藤摸瓜找到賣主，卻發現賣主家中還有一批「清三代官窯瓷器」。工作人員問他這些從何得來，賣主卻不慌不忙說是自己仿製的。直到親眼看見賣主家一批尚未經過燒製的器物後，海關工作人員和文物鑑定專家才相信那些果然是仿製品。可想而知，連專家都無法辨認的高仿品，一旦被充當真品販賣，賣主的利潤就不只是百分之幾百來計算了。

高精仿品相對來說是不太容易製造的，因此在市面上流通的更多還是低仿品。當然，低仿品也有低仿品的價值。比如，現代人追求室內裝潢設計的高檔精美，即使不為收藏，也喜歡在家中擺設一些有品位的書畫和器物。真正的名家作品一般人肯定是消費不發揮的，這個時候低仿品因為價格低廉就很容易占領市場。俗話說，哪裡有需求，哪裡就有供應，甚至有圈內專家坦言：「假畫比真畫更有市場。」

浙江的一家畫廊宣傳資料上就出現過一個價目表，非常明確地標注了「高精仿近現代名家大師書畫精品價目」字樣。其中像啟功書法的仿作，根據尺寸有三百元和五百元兩種，而其題匾則一千元至一千五百元不等。宣傳資料中還聲稱，其仿作品質「非頂級鑑定家」是不容易辨認的，以此吸引一些有此需求的消費者。

近年來，收藏鑒寶形成了一股熱潮，真品和贗品都擁有著自己的市場。跟真品相比，贗品的價值回報有時更能說明問題。有人統計，張大千款的「仕女」精仿品能賣到一萬元，而高仿的所謂「老沖頭」（就是舊仿的書畫作品）甚至跟真品價格相差不遠。在古錢幣市場中，還有贗品比真品價更高的情況發生。

有一個叫劉建民的收藏者在市場中發現一枚精美的崇禎通寶花錢，其背面鑄有兩匹馬，看上去非常漂亮。當時他心想這是非常珍貴的花錢，應該擁有較高的收藏價值，於是花了一百二十五元買下。回家之後，他連忙翻閱文獻資料，書上竟明確寫著「背有二匹奔馬的崇禎通寶是偽品」，他一下子就傻了眼。這時他的朋友提出要跟他交換這枚錢幣，他便應允了。然而，事後他又得知，這枚花錢雖是偽品，卻是年代較為久遠的偽品，而且傳世較少，因而其價值已經遠遠超過了真正的崇禎通寶。

用偽品來牟利，不僅僅得到了市場的認可，甚至對於被仿者本身，也未免不是一種牟利的手段。比如董其昌在書畫方面成就很高，當時就有很多模仿者，仿品也隨處可見，可他卻說「余心知其偽而不辨」。後來，陳繼儒在董其昌六十歲的壽序中說出了其中的原因：市場上流通的董其昌書畫作品中，真正出自董氏之手的可能連五分之一都不到，但因為借其聲名而獲得衣食來源的人非常多，有些贗品在海內外還得到了廣泛傳播，求購者不可計數，這不僅養活了一幫仿者，同時還能不斷提升董其昌作品的身價。董其昌獲得名，販賣者獲得利，真可謂各得其所。

正是由於獲利的豐厚，在商品經濟發達的明清時期，市場的擴大不僅推動了作偽技術的強勁發展，更滋生了地域化、集團化、規模化作偽的現象。在清代，書畫的地域性造假一度達到頂峰。「蘇州片，京師相，江西裱，揚州幫，開封貨，長沙裝，後門造，一炷香」，上述描述非常形象地表現了當時造假的產業化傾向，從片到相，再到裱到造等等，絕對分工細化，合作縝密，揚州片、湖南造、北京後門造等各種風格的贗本，也成了當時的「名牌」。又比如，揚州八怪受到全國文人雅士的青睞，當地的書畫作偽之風便隨之火熱發揮來，有所謂「凡古肆所售，十七八偽而一二真，大抵書畫偽品，多出維揚」之說。

偽品的高回報率刺激了更多的人投入進來，同時，為了利益最大化，人們不斷改進作偽技術，從而進一步促進了鑑定技術的發展。

造奇

作偽者中也不全是為了錢財而弄虛作假的，這部分人數量不多，但實際上他們才是真正具有先進作偽技術的人。這些人懷著一種刻意造奇的心態，苦心鑽研作偽技術，他們不是為了憑藉偽器去賺取高額利潤，而是為了滿足強烈的好奇心，在作偽中尋求對自我價值的認定。

其實說到底，他們還是為了名，但這個名，是他們自己心裡的名，也可以說是一種虛榮心吧。他們一般都具備相當的作偽素養，比如說家庭薰陶，世代就是某一領域的工匠，他們有著一種先天的敏感，能在作偽過程中發現很多問題，從而不斷提升技術。當然，作偽手法有很多，但文物的古舊特性決定了作偽最主要的就是仿古。

仿古，是對古老經驗的崇拜，體現了對傳統文化的敬仰和繼承。所以，歷史上的幾次仿古熱潮，不但大受歡迎，還能帶動各種冶製工藝的進步，這大概是刻意造奇者不曾想到的吧。

據報導，在河南有一個「贗品專業村」，那裡的村民仿古作偽技術高超，偽造出來的「文物」十分匀稱精美，而且做舊手段很多，不是專業鑑定人員很難辨認。像這種把作偽做成了產業的現象，其實並不少見。雖然，絕大部分村民都把它當成了安身立命的職業，但不可否認的是，其中也存在一部分對作偽技術有著深入研究的人，對於他們來說，作偽不只是生存需求，更重要還有一種技術上的追求。

可以說，作偽絕大多數靠仿古做舊，但仿古做舊者並不一定是刻意作偽。現在，在陶瓷學院還有專門研究做舊技術的專業，社會上也有一批像做學術研究一樣鑽研作偽技術的人，這說明作偽也可以是一項事業，有的人做這項事業是為了名利，有的人則是為了追尋一種自我價值體現的成就感。

第三節　虎頭摹寫稱一品，宵小變詐有幾何——書畫作偽的方法

不同的藝術領域，作偽的方法也不盡相同。在書畫的作偽中，以下幾種方法運用得最普遍。

臨摹仿製

眾多的書畫作偽方法中，臨摹仿製使用得最為普遍。其中，臨、摹、仿是三種不同的偽造方法。

摹，也稱為影拓、移畫。東晉顧愷之有一篇《論畫》，其中談到「模寫要法」，這個「模寫」，就是現在的「摹寫」。他說，「以素模素，其素絲邪者不可用，久仍還正，則容儀失。」之後，南朝的謝赫撰寫了《古畫品錄》一書，對模寫規則做了進一步的討論和總結。

最初，模寫是應學習技法風格的需求，而被廣泛運用的。其一般做法是，在原作上鋪一層透明的薄紙（這層紙根據時代不同而有變化，現在多用透明膠片），在紙上勾勒出原作的輪廓，然後用紙絹在稿本上勾畫，將墨線勾畫好之後再敷上墨色。也可以直接用薄紙在原作上直接勾描，只是很容易破壞原跡。

好的摹本常常可以亂真。前面提到的幾幅失傳名畫，正是靠唐宋兩代的摹本得以保存至今。而這些作品雖是摹本，但歷來被認為是「上真跡一等」，可見其珍貴程度。

單純出於學習目的的摹寫，一向是被認可的，尤其是初學者尚未形成自己的風格時，常常借摹寫來提高筆法技巧，最終摸索出具有個人特點的書寫風格。然而，作偽可能獲得的利益回報，常常促生了一些不光彩的摹寫行為。例如唐代的張易之，他曾經掌管宮中的書畫。在任時他招來一批畫工，精摹宮中的書畫精品，然後偷偷隱藏真跡，而將摹本送回宮中。直到他去世之後，這一偷天換日的惡劣行為才被朝廷發現。

臨，就是比照原作，重新做一幅書畫。也就是說，在對原作非常熟悉的基礎上，將原作掛在牆上或者是放在眼前，依照其樣貌依葫蘆畫瓢。這種方法比較考驗臨寫者的書畫素養，只有掌握了運筆、用墨、章法，基本功必須夠扎實，才能做到胸有成竹，下筆如有神。

純粹對臨，很難達到與原作形神俱似的地步。因而熟悉原作者的書寫技法是一方面，更重要的是學習原作者的創作狀態，也就是神韻氣度。從某種意義上說，如果這兩方面要求都能達到，通常臨寫者有著極高的造詣，或許本身就是書畫名家。比如宋代馬遠的《踏歌圖》，在故宮博物院藏有兩件，其中就有一幅是偽作。與真跡相比，偽作細看下顯得氣韻不夠，筆墨單薄，可能是臨者水平不夠。而像米芾這樣的大家，他臨的古帖常常能以假亂真。如故宮博物院藏的《中秋帖》（王獻之原作）和《湖州帖》（顏真卿原作），一直被當成真跡保存，連乾隆皇帝也被蒙蔽，把《中秋帖》珍藏在「三希堂」中。直到後來見到了兩位大家的真跡，在仔細對比下才確定此為米芾的臨帖。

清代王原祁等人擅長臨畫，而他們本身就是名家，有「四王」之稱。他們常常在臨畫的作品之後題寫「臨某某」字樣，以示為臨摹之作。在臨寫的作品中，往往能找到作偽者自己的一些特徵。其實，這也是很見功力的。

與摹相比，臨對作偽者的要求更高，雖然不一定能完全原樣複製原作，但臨作更容易在整體風神氣韻上超越摹本。這是因為摹本往往依樣畫葫蘆，在摹畫過程中很難照顧到整體的感覺。而臨本相當於作偽者自己的畫作，在臨畫過程中可以很好地把握書畫的整體流動和美學意味。

摹與臨有一個共同特徵——它們都有一個參照，都需求參照原本來進行，而仿就不同了。

仿，不是對某一具體的書畫文物作品進行模仿，而是在熟悉了某一位名家或者某一派別的創作風格之後，根據他們的創作特點和創作規律，發揮自己的想像來完成一個全新的作品。它不能生搬硬套，更不是依葫蘆畫瓢，通常在作品中會流露出仿者自己的痕跡。

黃伯思的《東觀余論》中論述了「仿」的手法——仿就是仿其特徵，仿其筆墨風格，而與具體作品沒有關聯。

明代有個仿作高手叫詹僖，他喜歡仿元代趙孟頫的書法，還喜歡仿元四家吳鎮的畫作。此人對兩位名家的書畫風格相當熟悉，學習趙孟頫字體的俊逸遒媚非常到位，其仿作矇騙了很多人。一直到現代仍有好幾件仿作被當成趙孟頫的真跡，直到故宮博物院的幾位專家見到詹僖本人作品後，兩相比對才明白其中原委。不過，詹僖仿吳鎮的墨竹畫不太理想，乍看之下有吳鎮的風格，但卻缺少了吳鎮的大氣，沒有純樸的厚重感。

由於仿作全靠個人的發揮，而藝術創作的過程往往難以將個人風格完全隱匿，因此仿作在仔細甄別下通常能準確辨認出仿者行跡。張大千也喜歡仿古，他仿徐渭、石濤、朱耷等人的作品能以假亂真。如他仿徐渭的《行書七言聯》，將徐渭書法豪爽大氣的神韻發揮得淋漓盡致，然而同時也流露出了個人運筆的輕浮之風。由於徐渭擅長隸書，在行書中也難免存在隸書古拙的特點，而仔細觀察張大千的仿作，便能發現其中的不同。

明中期之後，在作品上打上「仿某某」標記的現象逐漸增多，甚至形成了一種潮流，這給鑑定真偽的工作帶來很大便利。但也存在一些假冒的仿作，一些無名的書畫作者為了提高自己的身價，往往在並未見過真跡的情況下，甚至只是了解到一點點名家風格特點，便偽造一幅書畫作品，題上「仿某某」以示自己見過某某名家真跡，這些劣質的偽作一般毫無價值，完全算不上仿寫。

偷梁換柱

「偷梁換柱」是用一些把戲迷惑人的眼睛，將假貨充當真貨，而真貨則被調包用作他途，應該說它是較為低級的作偽手段。當然，如果仔細分析，其中也包含一些技術成分。首先使用什麼來調包就涉及作偽的技術，因為偽作假如品質太低級，被人一眼便能識破，無疑是失敗之舉。前面我們舉了一個例子，說的是張易之請畫工臨摹真品，之後將摹本送回，而真品私自留藏的事件，這便是典型的偷梁換柱。

這是偷換整部作品的例子。除此之外也有偷換作品中的某一處，或者仿製原作的某一個特點，之後按圈中一些約定俗成的習慣來進行裝裱，從而使偽品有真有假真假難辨，騙取錢財。可以說，在偷換的過程中也涉及其他幾種作偽方法，比如臨摹，或者是仿書、仿畫、仿製。而偷換調包操作發揮來最為便利，同時又更具欺騙性，因而也成為多數作偽者的選擇。

如果只從書畫市場來看，根據其偷換的物件，可以粗略地分為三種偷換形式，其一是偷換裝裱的物件。在書畫市場上，為了使作品得到較好的保存，同時也為了欣賞發揮來更為方便，常常要使用一些物件來進行裝裱，增加視覺上的美觀。像立軸幅式的作品，以及鏡片、冊頁、手卷幅式的作品，向來是最容易被偷換者利用的。這是因為這樣的裱件具有古老的包裝特點，最適合做舊，在外觀上能輕易給人一種年代久遠的感覺，因而更容易欺騙世人。

在書畫收藏界，有一種裱件被稱為「原裝老裱」，就是依靠其外在樣貌的陳舊特點進行作偽。作偽者通常只要得到了這樣的裱件，就可以將原件作品複製，隨後將複製品替換真品。通常他們還會加上其他的一些作舊方式，比如弄出一些摺痕，或是水漬，或者做出幾個霉點，以示其古老。這樣，真跡被替換，而由於裝裱的真實，又能給人帶來迷惑性，在半真半假之間騙取信任。

甚至也有不進行複製的作偽者，他們只進行調包，而無須擁有複製的技術，顯然這是最沒有技術含量的低劣行為。他們只需平時到處尋訪蒐羅一些舊作，無論其作者有名與否，只要價格足夠低廉就可以。然後從這些作品中取其舊的裝裱物件，套在署了名家的偽品之上，偽造出一幅新的名家舊作。如此偷換裱件的偽作其實並不難辨認，只要仔細觀察裱件的銜接處，以及用手觸摸感覺其質料，行家往往能輕鬆辨認真假。

其二是偷換題跋。書畫作品中的題跋較為常見，也較多被作偽者利用。題跋中有的是書畫作者自己所題，也有的是作者請名人或朋友所題，常用來表達從作品生發出來的感想。它既可能題在作品上，也有可能題在裱件上。

題跋在一幅作品中的地位，有時候並不是非常重要，有時候卻發揮著畫龍點睛的作用。然而，由於收藏界對書畫題跋的重視，這些本來可有可無的題跋被投機取巧的作偽者們利用。

在偷換題跋的偽造過程中，存在兩種形式。一種是作偽者手中已經擁有原版的題跋，也就是說其手中的作品的確是名家手筆。那麼他可以複製原作，然後將題跋移花接木，真題跋而假畫，神不知鬼不覺。假如偽造者的複製水準相當高，那麼行騙起來是很難被識破的。

另一種則更加欺世盜名。作偽者先拿一幅真品去找名家鑑定，當得到此名家的認可並題上意為「此為真跡」之類的跋文時，馬上將真品藏匿而換上假冒之作，然而由於此名家題跋為真，往往能取得市場信任。

近幾年較為有名的例子是杭州的張大千《仿石溪山水》案。此畫中有國內著名的書畫鑑定專家徐邦達的題跋，題跋中的詞句證明了畫作是真跡。然而據他本人所說，此題跋並不是針對這幅畫所寫，其中肯定被某些人有意調包，將真跡上做的題跋移換到此。由於這份題跋是作在裱件之上的，偷換發揮來操作簡單，幾乎不花什麼功夫。此事鬧上了法庭，作偽者的謊言最終被拆穿。

最後要談到的是書畫偷換中較為特殊的一種，即扇面偷換。在中國的書畫作品中，扇面畫由於其形制特殊，對書畫作者的藝術要求就非常之高。只有書畫技藝精湛、運筆如神的大家才可能將扇面書畫做到精妙絕倫。齊白石、傅抱石、潘天壽、陸儼少等大畫家都創作過大量經典的扇面作品，在收藏市場很受歡迎。

扇面形制分為兩種，即團扇和摺扇，其中摺扇形制的較為常見。由於扇面都由兩面組成，一般都會有正反兩幅作品，這兩幅作品可能是同一人所作，也可能是不同的人所作；扇面上的書與畫也可能分別由不同人所作。

扇面還有一個獨特之處，就是一般會落有扇子主人的名字，也就是說，作書作畫者往往會題上此為誰而作。因此，正反兩面按理說是應該有著相同的主人款名的，而偽造者便借題發揮，鑽營取巧，大做文章。

除了以上幾種形式，還有另外一種書畫偷換的方式，是將冊頁書畫作品中的某一頁或某幾頁偷換。冊頁作品即尺寸紙材都完全一樣的作品裝訂成冊，通常都是八開或十二開，也有四開、六開等形制。這種作品有的是一人之作，也可能是多人所作。不過由於數量之多，花費精力也必然多，因此這類形制的作品較少出現，其價值大多不可估量。

改頭換面

故宮博物院中藏有清代金陵八家之一吳宏的《山水圖軸》，落款卻是「八大家」中的另一位 —— 陳卓。陳卓名氣不如吳宏，因此作偽者如此改款，可能有某些不為人知的原因。

這種改款的方式是改頭換面中的一種，只「改」而不做其他舉動。其中，有把名氣略小的原作者改成名氣較大的，有把年代近的作者改為年代遠的作者，也有把無名作品改名為大名家之作。像上面說的反其道行之的改款，實在不多見。

除了改款，還有改動題跋，甚至也有改動整幅作品內容的。一般來說，「改」有三種形式，一種是拼改，這種動作比較大，有可能將作品的內容和形式改變得面目全非；一種是割改，將一幅割為兩幅、三幅，通常都是以大割小，透過這種方式提高其身價；第三種就是前面提到的改款，它也是最常見的一種方式。

遼寧省博物館所藏的《後赤壁賦卷》，就是徐中行臨元代趙孟頫的手卷，作偽者將徐中行的款識挖去，另外署上趙孟頫款，還蓋上「松雪齋」的印章，一時矇騙了很多內行，此畫一直被當成趙孟頫手跡被珍藏。後來有人發現，畫上還有「天目山人」的印章，而「天目山人」正是徐中行。在比對徐中行的字跡之後，人們才得以確認其真假。

除了改，還可以添，所添內容多種多樣。比如本為無名款，而直接在作品最後添上某某名家的落款或印章，便可以假其名聲行騙江湖。當然，這種添筆並不能為所欲為、任意亂添。作偽者往往需求有一定的知識和經驗，否則將某一作品署上完全與之風格相反的名家款識，就貽笑大方了。

除了添加款識，也出現過有人在原作缺漏的情況下添補空白的現象，但一般來說，這樣做都是畫蛇添足，破壞了真跡的鑑賞價值。較為有名的一個例子是清代揚州畫派的《楊柳山禽圖》，畫的左半部分被人挖掉了一截，而偽者為了彌補其缺陷，自己添上了一些桃枝。由於水平有限，結果弄巧成拙，真跡的價值反而因此貶低。

還有亂蓋收藏印的現象。比如收藏於故宮的《四梅圖》，它是南宋花鳥畫名家揚無咎之作。它原本是真跡，有著極高的收藏價值。然而，由於被人添上了吳鎮的假印，原畫驟然失色。

作偽者常使用的「移款」和「轉山頭」兩種作偽形式，也屬於「改頭換面」。「移款」是指透過裝裱等方式移動款識的位置。因為款印大都是真實的，所以這麼做不一定是為了造假牟利。「轉山頭」是指直接將某名家的款識從一幅畫轉移至另一幅畫，這與挖改有些相同之處，往往能使作品身價倍增。比如，明代的《飛來峰圖》本是沈周親筆之作，但落款處有破損，作偽者透過「轉山頭」的手法，補上了款印，成了畫真印假。如果某些無知者隨意亂題，將一些名氣小的作者款識題上名家款來冒充，更會擾亂書畫收藏的市場秩序。

還有一種「改頭換面」的方法是「減」。「減」通常是將原作中名家的題跋移位，而將本來作者的款識減去，這樣借名家之名而賺取利潤，矇騙世人。如上海博物館藏清代鄭板橋的《墨竹圖軸》，本是陳馥之作，但因畫下有鄭板橋題詩，作偽者便別出心裁，將「鄭燮題」上移，挖掉「陳馥畫」的落款，這樣就變成了鄭板橋詩畫並作的偽品。對於原來的作者來說，可能只是想請名家指教，或者借此表示跟名家的關係之近，卻被投機的作偽者利用，真可謂人心叵測。

減款並移款的方式，一般來說款印為真，因而不易被發現。但其比較明顯的缺陷在於，往往留有挖改、塗抹、擦刮的痕跡，只要仔細觀察，就會輕易識破。所以，鑑定發揮來只需多關注作品風格與作者風格的不同，就可以有效地避免上當受騙。

最後一種改頭換面的方式是拆配和割裂。作偽者有時將一幅作品割裂成兩部分，一為真畫，一為真跋，然後再各自添上假跋和假畫，由此偽造出兩幅作品，各自都有真跡，然而又都不具備真跡的價值——這也叫「移花接木」，在傳世的書畫作品中常有出現。

還有的作偽者甚至將作品一分為三，即畫、跋、款分為三處使用。其中可以跟假畫、跋互相搭配，形成亦真亦假、真假難辨的局面。比如，吉林省博物館藏有一幅蘇東坡手卷，其後有李東陽題詩。這本是真跡，但後人將此題詩一分為二，在後面添上「東陽」款識。而事實上，落款「東陽」的作品就連李東陽本人題字中也非常少見，這就需求考驗鑑別者的見識與經驗了。

而拆配主要有兩種，一種是拆真配偽，一種是拆而不配。前者如清代鄭板橋的《書畫冊》，畫為真，而題為假，顯然是把真跡拆開之後各自配上假畫、假題而成。拆而不配就簡單多了，把原本屬於一冊的書畫，拆而成為數頁或者數冊，將一部作品分成多部，從中牟取巨大利益。比如相傳為周文矩所作的《宮中圖》便被割裂為四段，現藏於美國哈佛大學、克利夫蘭博物館、弗格美術館、紐約大都會美術館四處。在第二段後面所附的「紹興庚申」一文，對此流傳情況作了介紹。

改頭換面的行為是極為惡劣的，它甚至不要求作偽者本身擁有任何技術，只需移花接木的功夫做足，就常常能達到目的。它對文物的破壞非常大，而文物的整體一旦遭到破壞，其價值便會驟然降跌。

憑空偽造

前面說到的幾種作偽方法，起碼跟原作或者某名家作品有些具體連繫，而憑空偽造是偽造者在完全沒有底本，甚至連臨摹本都未見過的情況下，只是道聽途說某家某派的主要風格特點，就自己作偽的行為。

憑空偽造分為兩種形式，一種是熟造，一種是冒造。熟造是在較熟悉名家手筆基礎之上的「造」，利用名家的聲望地位而偽造作品來獲得利益，這種偽造方法常常有好的作品出現。冒造則指偽造者完全沒有見過真跡而生搬硬套，通常造出的是劣質粗俗的作品。

憑空偽造在市場上得到默認，並能牟取極大經濟利益的時期，具體來講，可能在宋代以後產生，在明清時期達到頂峰，到現當代，已是隨處可見而不足為怪了。明清時期的作偽已經發展到集團化、地域化，而憑空偽造則是各地作坊的主要作偽手段。當時，甚至形成了「蘇州早」、「湖南造」、「江西造」、「揚州造」、「北京造」等有名的偽造品牌。

「蘇州造」也稱「蘇州片」，在蘇州當地有專諸巷和桃花塢兩個聚集區，偽造者的分工協作井然有序。比如在書畫偽造過程中，有的人負責皴染，有的人作勾描，還有的人負責題款或刻印，工序非常縝密。蘇州造最擅長山水畫，它們採用絹本，設色豔麗，大多是偽造古代名家的作品，並題有文徵明、沈周、董其昌等人的跋。其中比較典型的有《海天落照圖卷》、《仙山樓閣圖卷》、《清明上河圖》等，很多被國外博物館收藏。

「湖南造」的據點在長沙，偽造的也多是湖南當地名家如左宗棠、齊白石等人的作品。另外也會偽造一些不太熱門的如明代東林黨中一些小有名氣的書畫家的作品。「湖南造」一般使用品質低劣的紙、絞、絹本，紙張自帶的顏色——通常是米黃色或湖色——看上去顯得陳舊、灰暗，由此欺騙了一些未見過真跡的人。

有一個叫甘半樵的湖南人靠此營生，他一年之內從長沙運到攸縣的偽造品多達一百多件，賺到不少錢財。還有一個叫劉松齋的人，他開了一家「湖南造」專賣店，偽造品多達兩千多件。他專門偽造石溪、石濤、朱耷等名家的作品，可以說品質是沒有保證的，但也因為價格低廉，在市場上走紅一時。他還擅長雕刻印章，他製作的畫家和收藏家印章品質也很差，卻同樣受到青睞。

「北京造」最有特色的是宮廷畫。因為清代宮廷中的書畫珍品一般在民間很難見到，北京的偽造者便擁有了得天獨厚的條件。有時候宮中的太監或者其他官員獲得皇室賞賜，得到一兩件真品，有心者只要用點心思，見到宮廷畫真跡的機會還是比較大的。

「北京造」中最為著名的是郎世寧的《圓明園觀圍圖》。而「北京造」的兩大高手，一個叫馬晉，一個叫祁昆。前者學習郎世寧，擅長花鳥，也擅長畫馬，在書印方面也很有研究。後者則學習文徵明、唐寅等人，精於山水畫，擅長雕刻篆印。兩人家住得很近，關係也很好，經常合作偽造郎世寧的畫作。據說當年汪精衛想偽作一幅郎世寧的《百駿圖卷》，就輾轉找到馬晉畫馬，祁昆補畫山水景觀，最後還附上幾個臣子的題跋，終於構成一幅長卷。

「江西造」在書畫領域影響不大，稍微有點名氣的是《山水圖》，它的畫法較為簡單，品質一般。但「江西造」在瓷器領域可以說是相當受歡迎的。景德鎮是瓷器出品的重鎮，製作瓷器的水平也享有盛名。近年來，在當地燒製的偽造瓷器，由於技術精良，往往能欺騙對古代文物知識一知半解的人，以假冒之身充當貴重文物。

除了以上幾個地方的「偽造集團」，比較有特色的還有「河南造」。河南開封、洛陽等地在歷史上也曾經輝煌一時，再加上文物發掘較多，借此名頭的偽造之作就數不勝數了。「河南造」不僅偽造蘇軾、黃庭堅、米芾、趙構等宋代名家的書法作品，還偽造了朱熹、岳飛、文天祥等歷史名人的書法作品。河南造的最大特色是使用當地的棉紙或蠟光紙，因此顯得比較光滑。如果特意將字畫做舊，就會在偽造書法之後揉搓紙張，出現褶皺，看上去較為古舊，從而冒充年代久遠的作品。但是由於偽造者的手法低劣，往往很容易辨認。

「上海造」出現較晚，偽造方法也較為現代，因而偽造水平通常較高，不好辨認。在書畫作品中，上海造的偽品與真跡幾乎一模一樣，裝裱、形制，甚至收藏章的位置都一毫不差。他們的造假工序比較現代，流水作業，分工協作，一絲不亂。比如元代盛懋所作的《秋江待渡圖候》，真跡現藏於故宮博物院，而上海造的偽品早已經賣至海外。

「揚州八怪」在世時便備受到青睞，而揚州當地更是偽者如雲，「揚州造」正是指專門偽造揚州畫派風格作品的群體。

不管是哪個地區的偽造，總體上說，水準都比較一般，鑑定發揮來困難不大，而且品質較為低劣，難有精品。

第四節　擬古作偽一時發揮，是非功過後人評——作偽的評價

前面我們說過，對於作偽不能全部否定或者全部肯定，而應該綜合考慮多種因素。下面，我們就來談談作偽的價值認定問題。

假未必不如真

曾經有人向啟功先生請教，該如何分辨市面上啟功書法的真偽。啟功先生的回答是：「寫得好的是假，寫得不好是真。」這固然是先生的謙虛之詞，然而也從一個側面反映了偽作的模仿功力。有位領導曾經拿一幅啟功款的書法，想讓啟功先生看看它仿得多像。沒想到啟功先生仔細端詳之後說：「我的字是劣而不偽，你拿來的字是偽而不劣。」他還開玩笑說：「這世界上，面對我的字大體有三種人，有一種人是不認識我，對我的生存無所謂；另一種是對我感興趣，並已經拿到我的字，他們盼著我趕緊死；第三種人對我感興趣，但還沒拿到我的字，所以他們盼我先別死。」

的確，很多偽作相當專業，技術水平高超，幾乎可以以假亂真，未必就在品質上與真品有差距。宋代人好仿唐人銅鏡，明清兩代好仿宋瓷，製作精良的贗品在當時未必是精品，但流

傳時久，也會成為珍貴的文物，被收藏市場追捧。

另外，有些失傳的書畫作品，如《洛神賦圖》、《女史箴圖》（東晉顧愷之作，現存唐代摹本、宋代摹本等）、《蘭亭序》（東晉王羲之原作，現存唐代摹本）、《韓熙載夜宴圖》（南唐顧閎中作，現存宋代摹本）等，就是在原作失傳的情況下，靠臨摹本複製本才得以保存至今，使我們能夠看到這些名作的原貌。從這方面講，很多的偽作、偽品因其精湛的仿製水平而填補了失傳珍品的空缺，也十足可貴。

在中國歷史上，很多書畫名家自己也是仿古高手。如米芾就常模仿名家作品，以假亂真。被乾隆稱為「三希」之一的王獻之《中秋帖》就出自他的手筆。米芾非常喜歡模仿，嗜古成痴，只要在市場上看到古舊的器物或是書畫，必定要盡力求取到手才肯罷休。而且他本身就是書法名家，「妙於翰墨，精於鑒裁」，尤其擅長臨摹仿製，幾乎能真假不辨。野史中記載，他常常向別人借來古本臨拓，臨摹完畢之後，將自己的臨摹版和真版一起交回，讓出借人自己挑選。出借人很難辨認，往往會領錯，而米芾卻不點破，由此獲得很多的古書畫。當然，米芾這種行為帶有一些炫技的意味，也從中牟取了名與利。但對於失去真品的人來說，得到了米芾的手筆，也可能是一件好事。

張大千也是一個仿古高手，他有「南方石濤」之稱，可以說他模仿的石濤作品達到了出神入化的地步。他精心研究過石濤書畫早中晚三個時期的特點，以及他喜用何種印章等，加上他本身高超的技巧，哪怕是偽造石濤的作品，也有著很高的收藏價值。

破壞真跡令人痛心

作偽手法有高低，偽品的消費者市場也分層次，然而作偽最大的弊端在於其對文物真品的破壞，這是必須打擊造假造偽的主要原因之一。

作偽對收藏市場秩序的破壞是非常嚴重的，也是無所不在的。尤其是改頭換面的偽造方式，對真品挖改、割裂，原本價值連城的珍品破壞得面目全非，實在令人痛心不已。

米芾在《畫史》中記載了這樣一則故事：

王詵拿了兩幅勾龍爽的畫作去見米芾，說要重新裝裱。揭裱時要先濕水，而米芾恰在此時發現畫的左上方石頭上隱約有「洪穀子荊浩筆」幾個字，字藏在顏色之下，顯然是先有字而後上色的，用顏色來掩蓋舊款，如果不是因為重新揭裱，幾乎看不出來。米芾由此得出結論，說這幅畫的作者應該是荊浩，而並不是後人所作的。

在題款處大做文章的現象實在太多，有的作偽者更是大膽。比如唐朝白居易的手跡本來早已失傳，後來又傳說一幅《楞嚴經》手卷是他的真跡，其後落有白居易的題款。正是這個題款騙過了許多鑑定專家的眼睛，一致認同是白居易所寫。然而，後來逐漸出現了質疑的聲音。因為這個作品整體風格跟唐代不太一致，倒是很像南宋大書法家張即之的風格。仔細觀察其題款，發現「居易」二字似為抹去原跡之後添加的。顯然造假者把款給改了，從張即之到白居易，一下子便把作品年代提前了兩三百年。如今，書畫界一致認定其並非白居易手跡，而是南宋張即之作品，最終確認了作品的真實身分。

像這種添加筆畫而篡改其真實作者的做法，可能還只是給辨認和鑑定帶來很大困難，如果是在真品上大作改動，甚至將其割裂、挖改、故意撕破損壞，就不僅僅是作偽者欺騙收藏者的事情了，它對原作的毀壞程度是不可想像的。前面說到的挖改款識、移接題跋、偷換裱件等作偽方式，都會造成對真品的破壞。挖去作品贈與者的上款，或是篡改作者的落款，這些做法的破壞力還算較小的。而在原作基礎上添加水準低級的筆畫，或者是割裂了原作，一分為二，甚至一分為三，不僅使作品在整體效果上驟然失色，而且會造成原作「身首異處」的局面，為文物保存和流傳帶來極大的困難。

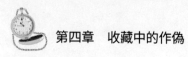

第五章　收藏例說

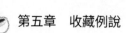

藏品的種類五花八門、無奇不有，下面我們就來介紹幾種比較傳統、常見的收藏。

第一節　書藏福地辟，畫積翰苑立鴻都——古籍和書畫收藏

說到藏品，在中國最為大宗、也最有代表性的可能就是古籍和書畫了。

古籍收藏

人們對於書籍的愛護，自有文字之始便與之相伴相隨。古籍的收藏源遠流長，上下幾千年都不曾淡出人們的視野。有句古話說「千藏萬藏，不如藏書」。古代上至帝王之家，下至普通文人，很多人都將藏書作為一項畢生的追求。

關於藏書的價值，有人如是說：「玩物雖未必喪志，畢竟費時費力費錢；藏書定能長智，儘管也費時費力費錢。」清人姚際恆認為藏書可以使「插架與腹笥俱富」，意思是說，藏書既可以充實書架，也可以充實學問。的確，藏書能夠增加人的知識涵養，使人明辨是非，提高素養。

官藏和私藏向來是收藏歷史的兩大主線，藏書史也不例

外。早期藏書者多是皇宮內廷，最早的如周代有「藏室」。《史記》中說老子曾經是「周守藏室外之史」，因此老子堪稱「史上第一大藏書家」。百家爭鳴的春秋戰國時期，文人都致力於著書立說，收藏者也可謂「濟濟多士」。秦始皇統一六國後，將各國的藏書全部納入本朝，並且建造了「金匱」與「石室」，專門用於存放藏書。

漢代儒學逐漸成為主流意識形態，儒士們為發揚儒學，發奮著書，創造了很多經典作品，也帶動了藏書事業的發展。當時有「蘭臺石室」用於藏書，後來它成了皇室藏書樓的別稱。

自唐朝始，歷朝歷代皇家都極其重視對前朝歷史文獻的整理，如唐代用四庫來對文獻進行分門別類地整理，這對後世產生了深遠的影響。唐代由於經濟的發展，藏書事業也較唐前更有系統，也更具規模。當時的官府藏書分別保存在弘文館、集賢院、崇文館和史館等處所。

到了宋代，由於印刷術的發明及廣泛使用，圖書出版行業漸成規模，版刻圖書裝幀精美，工藝精湛，從形制特點上很適合收藏。隨後的明清兩代更是書籍出版商迭出，所印之書也廣布全國各地。但數量的空前巨大，相應地也伴隨著品質的下降。因此，印刷、裝幀等方面都仍然以宋版書為優。

明清兩代帝王還致力於各種書籍文獻的整理修復，都有代表中國文獻最高峰的成果出現。明代永樂年間，明成祖朱棣下令編纂《永樂大典》，雖然初衷是為了顯耀大明國威，且其編纂過程動用全國文人之力，頗受質疑，但畢竟成果太多耀眼，歷來總是以其功而為人稱道。清朝從初期開始對所有古籍文獻進行全面整理，考訂源流，分類編纂，至乾隆朝時《四庫全書》功成，皇室藏書事業也以此為標誌，達到封建王朝收藏之最。

對藏書歷史略知一二的人，對七大藏書閣應該耳熟能詳，它們分別是：北京故宮的文淵閣、圓明園的文源閣、奉天故宮的文溯閣、熱河避暑山莊的文津閣、揚州大觀堂的文匯閣、鎮江金山寺的文宗閣、杭州西湖聖音寺的文瀾閣。仔細觀察這七個樓閣名字便能發現一個有趣現象：不僅名字中均有「文」字，且其中六個都有一個字帶有「三點水」。揣測其原因，大概是取「水傍」之意，借此來為藏書閣增添「水氣」，避免火災。

七大藏書閣都是皇家官府藏書機構，至於私家收藏，晚明以後便如雨後春筍般遍地開花了，同時也出現了一大批藏書家。這些藏書家都將藏書視為傳家至寶，代代流傳，這種以家傳為主要方式的收藏也成了私家藏書的主流。

藏書家族中總是不乏大學問家，如清人孫星衍，他的父親熱衷藏書，家中擁有「數櫃」文獻，孫星衍自小與書為伴，「窺視櫃中書，心好之」，涉獵圖書包括《十三經註疏》等各類史籍文獻和評註，成年後他更是廣搜各地奇書祕笈，甚至收藏了不少釋家佛典，以及醫學類、陰陽類、術數類的圖書。他憑藉多年閱覽經驗，終成一代大學問家。

再如清人徐乾學，他也是一位大藏書家。他認為，很多當父母的若為兒孫留下萬貫家財，兒孫往往很快便消費殆盡；若將各種寶物珍品傳給後世，又往往不能保證完好留存。為此，他想到了一個萬全之策，便是將傾家所藏之書傳給兒孫後輩，這不僅是物質的傳承，更是一筆豐厚的精神財富。因此他給此藏書樓命名為「傳是樓」，鄭重地將藏書事業交與子孫。

最有名的私家藏書，便是浙江寧波的天一閣。天一閣為明代范氏家族所建，在明代便廣受讚譽：「海內藏書之家最久者，今唯寧波范氏天一閣巋然獨存」。至今歷盡朝代興替，仍然保存完好。它藏書種類豐富，且保存明代文獻非常完整，在地方志和家譜方面的收藏更是首屈一指。

天一閣藏書的成功，主要歸功於它嚴格的藏書制度，包括「菸酒切忌登樓」，「代不分書，書不出閣」等。菸酒不入，切斷了火災水災的來源，而書不流出，避免了有借無還、書籍流出。除此之外，范氏祖訓，藏書閣內所有門櫃鑰匙由子孫多房掌管，除非各房「掌門」均到齊，否則任何人不得擅自開鎖，更不能私自進入，更不能帶親友和外姓人進入。同時，還有一系列預防蛇蟲鼠蟻、防火、防盜、防水的詳細措施，嚴格程度堪為古今藏書者之最。

正因如此，天一閣的藏書在很長時期內都不為人知，直到康熙朝時，大思想家黃宗羲成為第一個被允許進入的外姓人。此後，天一閣才逐漸進入對外開放的時代。

其實，各朝各代對文獻的破壞與收藏一直是並行於世的。從整體來看，大量破壞書籍的行為都出現在時代交替階段，每一個朝代晚期都難以避免戰火對書籍收藏的衝擊與阻斷。史上最有名的如秦始皇焚書，除了醫藥、卜筮、種樹類的書籍，其他全部被毀滅，所幸一些壯義之士冒著風險奮力保存下來一小部分經典。而近代的火燒圓明園就更不用說了，幾重劫難下來，損失無法估量。

近代以來，藏書熱逐漸回潮，一些新被發現的文獻的出現，充實了各大藏書拍賣市場。只要我們關注一下便能發現，這些古文獻往往具有許多附加的意義和價值，而不僅僅是歲月累積的價值。

比如最近引發揮拍賣界和藏書界關注的《浮生六記》佚文〈海國記〉錢泳抄本。《浮生六記》本來只是沈復的一部自傳體散文作品，清代著名書法家錢泳的抄本因為殘缺而珍貴，最後在北京以一千三百二十五萬元被某藏家拍得，在古籍收藏界算得上天價了。

「書，是人類進步的階梯」。好書，是知識的載體。藏書的人是幸福的，不僅自己有福，還能惠及後人，代代受益。

書畫收藏

除了古籍收藏，最受文人歡迎的，莫過於書畫作品的收藏了。

書法和繪畫，是中國古代藝術的兩大瑰寶。中國文人對書法和繪畫藝術的孜孜追求、百般推崇，是書畫收藏事業得以連綿兩千年而愈演愈烈的主要推動力。魏晉南北朝時期，古代書畫藝術出現第一個高峰，從而催生了收藏的第一個高峰。此後歷代莫不如是。

書畫收藏也有官府收藏和私家收藏之分。東漢末年，當時的皇帝建造專門的樓閣，設立專門機構來進行藝術作品的蓄藏。如漢明帝創建的鴻都學，就專用於收集陳放各種珍奇異寶。當時的書法藝術作品，使用紙張還不多，大部分是書於竹木簡上的。

魏晉時期，風氣為之一變，藝術風格也隨之發生變化。主流談玄，任俠使氣，文人都喜歡與眾不同，書畫藝術達到空前頂峰。此時最有代表性的收藏者仍然是帝王之家，尤其是南朝，幾位皇帝不僅非常熱愛書畫藝術，精於鑑藏，還各自擁有一套鑑定方法，他們可謂有史以來首批專家型鑑定者。

南齊高帝蕭道成將歷代以來的名家作品評定優劣等級，「自陸探微至範唯賢四十二人為四十二等，二十七帙，三百四十八卷，聽政之餘，旦夕披玩」，痴迷程度可見一斑。梁武帝蕭衍更勝一籌，他與臣屬們討論研究收藏鑑賞，往往透過書信的方式進行溝通。

而梁元帝蕭繹的收藏事業則最為盛大。有記載說，亡國之時，他對自己的藏品即將落入敵人之手非常痛惜，於是做了一個更令人痛惜的決定：焚毀。當時，後閣的舍人高養寶奉命毀滅名畫書法和典籍二十四萬卷，眼看就要付之一炬了，幸好有一個叫於瑾的人，奔入灰燼之中搶救出四千多卷書畫，總算沒有使這批文物全軍覆沒。不知道做出如此衝動的決定之後，蕭繹有沒有感到悔恨呢？

隋唐時期官府收藏不僅在數量上超過了前代，而且更加有規模、有規範。當時皇室設有「密府」，專門用於收藏書畫藝術作品。其中大量藏品來自前朝，也有來自民間的私藏。可見，隋唐時期的私藏也有了深入的發展。

隋文帝楊堅在建國之始便注重書畫收藏，滅陳時命部下接收陳的書法和名畫，多達八百餘卷。隋煬帝楊廣更是建造了兩座樓臺，東為「妙楷臺」，西為「寶跡臺」，分別用於收藏書法和繪畫。他南下揚州巡視還不忘帶上所藏的書畫，只可惜途中沉船，這些名品大部分丟失，殘餘藏品也在煬帝亡國之後落入宇文化和竇建德囊中。

唐高祖李淵滅隋而代之，陸續將隋代藏品從宇文化和竇建德手中收回，收入唐代御府。除此之外，還透過查獲、進獻等各種方式從私藏中獲得部分藏品，數量逐漸豐厚發揮來。據記載，當時在佛寺、「祕府」收藏的書畫作品大概有二百九十八卷，其中大部分是皇家藏品。唐太宗對書畫收藏最令人稱道的，莫過於他對王羲之書法的推崇和複製。他在獲得《蘭亭序》之後，命令趙模、韓道政、馮承素、諸葛貞等專門負責拓書的匠人各拓數本，分賜給子嗣及臣屬。這對於王羲之書法的流傳，有著非同一般的意義。

但是到了唐中宗時，出現了皇室收藏流入私藏的現象。由於當時的皇族貴戚得寵，皇帝欽賜以及宮廷藝人趁工作之便偷偷複製流出的書畫珍品，數量不可小覷。玄宗也是一個極其重視書畫收藏的帝王，他再次掀發揮了官府收藏的熱潮。然而他不遺餘力地收集名家名作，也造成了一次書畫珍品的災難。他規定，私藏了名蹟且未上報朝廷的藏者將受重罰，因此，很多藏者被迫銷毀藏品。如張易之、張昌宗兄弟就曾偽造偷換皇室收藏的真跡，後來作品被薛稷獲得，他死後歸於岐王李範，李範畏罪，全部焚毀，造成書畫收藏史上無可挽回的一大損失。

至於私家收藏，比較有名的如楊素、蕭瑀、王方慶等，在隋代和初唐時期，他們都曾為官府進獻很多名作名品。盛唐之後私家珍藏逐漸增多，出現了大批書畫藏家，除了鑑定方面有了長足發展，還開啟了使用鑑藏印記的歷史。比如徐嶠有「東海」字印，他的兒子徐浩則使用「會稽」字印；張嘉貞用「河東張氏」字印，其子張延賞則用「鳥時候瑞」四字印。這些鑑章的使用說明，當時人們已經開始根據鑑寶專家的印記，來辨別作品的真偽優劣了。

兩宋時期，書畫收藏在宋徽宗時達到高峰。由於徽宗本人就是書畫名家，且熱愛收藏，即位後除官府收藏之外，他還從民間蒐集各種藏品，使「祕府之藏，充仞填溢，百倍先朝」。對於藏品的保護、利用和整理，宋徽宗都做出了極大貢獻。比如他對宮廷舊藏的裝裱，將前黃絹隔水上的「雙龍」方印，改成「雙龍」圓印，改變了衿押的部位，將其放在了標籤下方跟本幅的接縫處。

在書畫收藏著錄方面，徽宗命人「上自曹弗興，下至黃居寀，集為一百帙，列十四門，總一千五百件，名之曰《宣和睿覽集》」，此外，他還命侍臣根據內府收藏，編纂了《宣和書譜》和《宣和畫譜》。《書譜》記載帝王諸書和各種書體，附有名家小傳和作品名目，內容豐富，對於宮廷收藏的記錄，在書畫史上都是具有里程碑意義的。

北宋滅亡，南渡之後宣和祕府的收藏紛紛流散，部分被金人擄走，部分散落民間，高宗於是全力搜求古書畫，尤其是從北方流傳過來的書畫作品。經過幾十年的努力，到寧宗時，宮廷收藏逐漸豐富發揮來。

私人收藏兩宋時盛極一時，一般士大夫和富商家庭多少都藏有書畫作品。而且宋時商品經濟空前發展，在收藏領域，第一次出現了有規模的文物書畫市場。《東京夢華錄》中記載，當時的相國寺是汴京最大的自由貿易中心，其殿後資聖門前便是一個專門販賣「書籍玩好圖畫」的去處。

市場的活躍也導致了作偽之風的盛行，於是專門從事書畫鑑定的人陸續出現，而不再由書畫家兼做鑑定。

宋代最有名的私人藏家當屬米芾，他不僅是著名的書法家，精通鑑賞，臨摹仿製也很在行。他的收藏大部分體現在其著作《書史》和《畫史》之中，除了記錄家藏的書法名目，還記錄了他所見過的其他收藏家的藏品名目。

明代皇室收藏情況由於沒有書籍著錄，鑑別和管理都不可靠。主要原因可能在於明代的宦官制度。當時宮廷的書畫珍寶都由宦官保管，而宦官一般都是不識字的文盲，少有珍視藏品之人，更不用說著錄名目了。因此與歷代相比，似乎明代是最不注重收藏的。明中期後，甚至有帝王因為國庫空虛，用內府的藏品作為賞賜或薪酬發放給臣屬官吏，史稱「折俸」。如此一來，宮廷的古書畫藏品便大量流散至民間，從而使明代的私家珍藏空前豐盛，書畫文物市場也空前活躍。

到了清代，私人收藏家更多，最負盛名的是安岐和梁清標二人，他們在古書畫的收藏上都號稱「甲天下」。梁清標在清初時收有一批宋元時期的書法名蹟，大都是稀世珍品。他的鑑賞能力很強，凡經他鑑定過的，幾乎都是真跡。安岐原是朝鮮族，其先祖入了旗籍。他擁有淵博的學問，精通鑑賞，收藏豐富。《墨緣匯觀》著錄了他的全部藏品，藏品上自三國，下至明末，時代跨度大，比梁清標所藏更為豐富。而且他的收藏大多是完好之作，歷經各代名家收藏和著錄，是更有價值的有序流傳。

除了這兩人，還有一個叫高士奇的鑑賞家，他留下來兩部書作《江村消夏錄》和《江村書目錄》。前者以時代順序考辨源流其所見書畫作品、記錄樣貌裝幀特徵，有時還會略做評論，此體例深刻影響了後來的著錄作品。但遺憾的是，高士奇存有私心，不去鑑定作品的真偽，將一些偽作也混淆其間。他還進獻假的作品給皇帝，遭到當時一些官員的彈劾。而《江村書目錄》一書所記皆為他的私藏，因而辨別真偽、優劣品評都非常明確，是可供參考的重要資料。

直到當代，書畫作品的收藏熱潮從未減退過。可以說，收藏對於書畫藝術的傳承和發展，貢獻頗為巨大。後人在不遺餘力地保護歷史名蹟時，另一方面也應該重視當代書畫藝術作品的鑑賞和保存，以期兩千多年的藝術瑰寶能繼續發揚光大。

第二節　三代鐘鼎今為寶，二田圭璧古稱奇——青銅器和玉器收藏

在古代，收藏學又叫「金石學」，其中，「金」指青銅器，「石」指玉器。收藏界還有所謂「金石書畫，竹木牙角」的藏品種類排序，由此可見青銅器和玉器的收藏是中國古代最有代表性的收藏門類。

青銅器收藏

青銅是一種銅錫合金，它不是天然生成的，而是人工發明製作的。它也並非天生青色，而是呈金黃色。我們現在看到的青銅器上的青綠色，是長期以來生成的銅的氧化物。

西元前五六千年到前兩千年，青銅器的製作和使用水準一直被看作是當時人類文明發展程度的象徵，所以歷史學家們稱之為人類歷史上的「青銅時代」。

正因為青銅器與當時人類社會生活密切相關，因此，當它因為材料稀缺無法普及、質地過於脆硬等缺點漸漸暴露，而無法滿足社會生產力發展的要求時，很快就被功能更為優良、更容易獲得的鐵器所取代，從此人類就進入了「鐵器時代」。

在「鐵器時代」，青銅器漸漸被冷淡，偶有使用，也不過是用於鑄幣、製作工藝品等少數領域，它的製作工藝也就漸漸變

得粗疏了。這就是為什麼在青銅器收藏上言必稱「三代」的原因。所謂「三代」，就是指夏、商、周。

目前我們能看到的關於夏代青銅器最詳細的描述莫過於《尚書》與《左傳》中對於「禹鑄九鼎」的記載：

相傳最早的時候天地人神是雜居相處的，後來顓頊帝「絕天地之分」，把人界和神界分離開來，這樣就造成了人們對神靈的不了解。大禹為了讓人們重新對各路鬼神建立崇敬，於是採各地青銅，鑄成九鼎，一鼎代表一個州，並在鼎上鑄上了山川神靈的形象。

有學者認為，九鼎是通過掌握宗教權進而掌握統治權的工具，其上所鑄的應該是禹所轄部落的圖騰。

這九只鼎後來成為夏王朝承天命的象徵，也就是國家政權的象徵。後來，商亡夏，周滅商，九鼎輾轉落到周王朝手裡，繼續作為天命的象徵。到了戰國時代，周代已經沒落，秦楚等大國屢屢「問鼎」，然而終究沒有到手，九鼎一直為周王朝保有。後來周代滅亡，九鼎從此下落不明。

商周青銅器一般用陶範鑄造，一範一器，沒有任何兩件是完全相同的，如果有，即是贗品。它們多數造型精美，飾有花紋、動物和人物等形象，有的則鑄造成動物或人物的形態，著名的四羊方尊就是其中做工比較精美的代表器物。它們體積各異，大到後母戊鼎那樣的大型祭器，小到觥盤卮爵之類的小型酒食器皿，大的氣勢沉雄，小的玲瓏剔透，頗具藝術價值和觀賞價值。不僅如此，這些青銅器上很多都鑄有銘文標記，如器物主人的名字、族徽等，周代青銅器甚至鑄有長篇銘文，如銘文將近五百五十字的毛公鼎。由於是澆鑄而成，銘文字數越多，說明鑄造技術越為成熟。

值得一提的是，儘管三代屬於「青銅時代」，但由於青銅頗不易得，在當時還是很珍貴的。因此，後來發現的青銅器多是祭器、禮器、酒食器、兵器、樂器等，很少有生產工具。

商代和周代的青銅器在風格上是有所不同的。商代青銅器做工樸拙厚實，周代則雅緻精美；商代紋飾以饕餮紋最有代表性，散發出一種獰厲味道，周代的則以雲雷紋為主，體現出舒展飄逸的意味；商代銘文標識較少，多數僅有名字、族徽，周代的則多形成文章，或記載造器始末，或銘鑄箴言以自勵，體現出濃厚的文治色彩；商代青銅器在材質上比發揮周代，尤其是春秋戰國器物較勝。

總而言之，三代的青銅器主要有三大優點：第一是材料精，所選銅料都是比較純淨的；第二是工藝精，當時的製造技藝可謂達到了爐火純青的程度；第三是工匠們捨得花工夫，這種藝術不是只憑朝夕就能完成的，必須耐著性子一步一步做好。因此，青銅器物大多具備尺寸標準、樣式精確、花紋細緻、文字整齊等外觀特點。

透過長期的鑄造實踐，人們總結出不同用途的器物所應採用的銅錫比例，並形成了一套專門理論。如《考工記》中說：「金有六齊（即銅，齊即銅錫合金）：六分其金，而錫居一，謂之鐘鼎之齊；五分其金，而錫居一，謂之斧斤之齊；四分其金，而錫居一，謂之戈戟之齊；三分其金，而錫居一，謂之大刃之齊；五分其金，而錫居二，謂之削殺矢之齊；金錫半，謂之鑒燧之齊。」

以此為標準，歷代都仿造過三代青銅器。如唐玄宗就在江蘇句容設了一個冶鑄點，專門從事仿造工作。宋代時仿造的數量更多，據說晚清時琉璃廠古玩商舖裡的青銅器，多半是宋代的仿製品。明代有一種銅爐很有名，叫做「宣德爐」，它是宣德年間仿製銅器的標誌，仿製技術非常精良，時至今日仍為收藏愛好者所青睞。

關於青銅器的收藏，早在漢武帝時就有出土青銅器的記載，漢武帝「元鼎」的年號也因此而來。但那時的青銅器更多是作為一種祥瑞的象徵，得到寶鼎不僅意味著上天對皇權統治的肯定，也預示著國運的昌隆。

直到宋代之前，青銅器的收藏者主要還是皇室統治者。宋代以文立國，統治者們也以風雅自命，以宋徽宗趙佶為代表的皇帝們致力於金石收集，內府藏品極為豐富。

在私人收藏方面，由於宋代文人地位大大提高，生活條件也空前優裕，青銅器的魅力迎合了文人們的審美情趣，於是在宋代就出現了青銅器收藏史上的一個高潮。

當時如寇準、文彥博、蘇軾等名相文豪都喜歡收藏青銅器，還出現了諸如呂大臨的《考古記》、趙明誠的《金石錄》等金石學著作。有很多佚失青銅器的銘文，正是宋代學者臨拓下來，收錄在這些金石學著作中，才得以流傳至今。

元代文事不彰，青銅器的收藏暫時進入低潮。到了明清時期，特別是清代，在當朝統治者的帶動下，青銅器收藏又大行其道。比較有代表性的是乾隆朝，乾隆皇帝曾令梁詩正仿照宋徽宗的《宣和博古圖》，來撰寫《西清古鑒》，著錄宮廷所收藏的青銅器。在這種氛圍的薰染下，許多著名的金石收藏家應運而生，如阮元、陳介祺等。

清亡後的數十年，大量珍貴的文物或流失海外，或葬身戰火之中，思之令人痛心。

後來，隨著科學技術的進步和綜合國力的增強，中國在青銅器的收藏和保養方面的水平大為提高。在各地興建博物館，則為文物收藏提供了良好的條件。目前大型青銅器皿，尤其是最近出土的青銅器，均被作為國寶珍藏於各地博物館，私人手中存有的比較少。私人收藏的大多是早已出土面世的青銅器，其中當然也不乏精品。

當我們面對一件上古青銅器，那斑駁的銅綠、厚實的器壁，甚至夾雜在銅綠中的殘土，都會給我們以巨大的震撼力和感染力，彷彿千百年的歷史就呈現在我們眼前。

玉器收藏

在各種收藏品中，玉器的出現是比較早的。與青銅器不同，玉器一開始就不是作為生產工具來使用的，所以它並沒有像青銅器那樣被鐵器所取代，而是一直備受人們的青睞。

《詩經》云：「謙謙君子，溫潤如玉」，可見在古人眼裡，玉象徵著溫柔敦厚的君子人格。圍繞玉形成的「玉文化」，也就成為中國傳統文化的重要組成部分。

中國的玉文化源遠流長，在樸拙的原始時代便已有玉崇拜的文化。當然，古代人說的玉，最早是「美石為玉」，也就是說，只要生得漂亮的石頭都叫玉。後來才逐漸強調石頭的溫潤純正感，並拿玉的這種質感比附君子的品德，即「比德其玉」。

史前時期還屬於天地鬼神祭祀時代，巫師有著至高無上的地位。那個時候，玉石作為一種神器，由巫師掌管，用它來與神靈溝通。紅山文化出土的著名的「中華第一龍」就是這樣一種「神器」。作為神器的玉石，在雕工上沒有什麼講究，可能鑽個洞，用繩一穿就可以了。

私有制出現後，人們不僅把玉當作一種「神器」，更把它們作為私有財產來保值收藏。根據近年的考古發現，以紅山文化和良渚文化為代表的西遼河流域和長江下游環太湖流域，是新石器時代兩大玉文化中心。那時的玉器製作工藝已經相當成熟，且種類繁多，按用途來分，包括禮器、神器、裝飾品、工具等。

商代的鼎器、簋器上常會出現凶神惡煞的雕飾，給人一種渾然肅穆之感。商代的玉器也同樣如此，呈現出渾然樸拙的特點。

商代晚期的玉器有兩種，一種是扁平的，呈弧形、環形，且大多數雕飾為動物，頗具動感。另一種是立體圓雕，大多是圓柱體或立方體，造型非常奇特。

以著名的商代婦好墓出土的玉人為例，它的形態是一個跪在地上的人，背上貌似插著一把利器。這個造型令人迷惑不解，背上的利器也有好幾種說法，有人說是佩飾，也有人有說是巫師的法器。

到了周代，一套完整且嚴格的禮玉製度形成了，並作為周代禮樂文化的重要分支被後世繼承下來。當時，佩戴玉飾是貴族身分的象徵，「君子無故，玉不去身」，禮玉製度規定了，由上而下哪些人可以使用哪種玉石佩飾。

玉還是禮儀和權力的象徵，周王朝及其諸侯國一旦有祭祀婚喪等大型儀式，都會用到各種各樣的玉。王朝與諸侯國以及諸侯國之間都要互相饋贈特定種類的玉，才合乎「禮」，否則就是失「禮」，嚴重的失「禮」行為甚至會引發揮軍事衝突。

同時，周王在分封諸侯的時候，尤其牽扯到土地分封時，都會將玉作為信符，一同頒賜給受冊封者。

不僅如此，周代是個崇禮尚德的時代，貴族們十分注重自身的品德修養。因此，作為身分象徵的玉，同時又成了美德的象徵。據《禮記．聘禮》記載，孔子把玉的品德歸結為仁、義、禮、樂、忠、信、天、地、德、道，共十一種「德」，類似的說法還見於《管子》《荀子》等書，足以證明玉在周人心目中的地位之高了。

正因為如此，周人對玉的使用空前普遍，這種普遍不僅表現在用玉的數量上，也表現在用玉的人也空前增多——上至周王，下至普通士階層，遍及全國。這種用玉的普遍化和生活化，使周代的玉配飾向簡便化、小巧化發展。

在中國玉文化史上，周代是一個高峰，秦漢以後對玉器的重視程度，相比周代，並沒有明顯的加深，但在用玉的普及程度、製作工藝的精熟程度等方面則有很大發展。

當然，玉器的製作也由於各朝代不同的文化性格而呈現出不同的風貌，總體而言，呈現出生活化、世俗化的趨勢。

以漢代為例，大漢四百年，是中國封建社會的第一個盛世。這個時代的玉器也具有大氣磅礡、雄放壯烈的氣勢。圖案裝飾可以分為幾何紋和動物紋兩類，其中動物紋有龍紋、鳥獸紋等，圖像比較抽象，比較難以辨認。同時，漢代不僅崇尚豪放，也注重吸收楚文化中清新浪漫的因素，因而在雕刻技法方面往往具有細膩圓潤的一面，刻畫的圖案雖筆畫簡單，卻能神韻具備，從而有「漢八刀」的說法。

唐代作為歷史上最為開放的朝代，在玉器雕飾方面，新的樣式不斷湧現，出現了鏤雕的雕刻方法。唐代也是道教和佛教盛行的朝代，因此在玉器雕飾中，多見飛天造型，其中人物和雲紋都非常細緻，且有立體感。另外，唐玉還多雕飾花卉圖案，非常精細美觀。

明清時期玉器走進平民時代，經過千百年的文化沉澱，玉器融合了各時代的精華，又呈現出新時代的氣象。明代玉器造型比較雄渾，但鏤雕技術已經相當先進，能在平面的玉料上雕出兩層不同圖飾，俗稱「花上壓花」。

清代玉器更加強調生活氣息，雕法更加精細，真正稱得上是「精雕細琢」，所雕圖形都極其逼真，立體感非常強。同時，還出現了大量仿古紋飾，乾隆時期有個叫姚宗仁的玉工，他家世代都是治玉高手，仿古也仿得真假難辨。乾隆皇帝撰寫的《玉杯記》中就介紹了姚氏的烤琥珀色偽沁工藝（一種玉器仿古製作方法）。文中講姚宗仁曾製作過一件仿古玉杯，居然連乾隆皇帝都信以為真，可見姚氏仿古水準之高了。

葬玉製度是周代禮制的重要組成部分，也是中國玉文化的重要內容之一。那時人們普遍認為，玉本身的涼性能對屍體造成防腐的作用，《漢書．楊王孫傳》中有：「口含玉石，欲化不得，郁為枯臘」的說法，說的就是人死之時在嘴裡含上一塊玉，死後便可以保持屍體不腐。晉代的葛洪在其代表作《抱樸子》中也有類似的說法：「金玉在九竅，則死人為不朽」。即把死人的九竅都用玉石堵住，便能保證屍體不會腐爛。

到了漢代，這種觀念愈演愈烈，體現在殯葬方面最有代表性的是金縷玉衣的使用。金縷玉衣又叫「玉匣」，用絲線將數千片玉片連綴而成。這些絲線按墓主人身分高低，可以為金絲、銀絲、銅絲、蠶絲等。目前，中國已發現的最完整的金縷玉衣出土於中山靖王劉勝墓。

但是，由於玉衣製作工藝過於複雜，成本也極其昂貴，後來漸漸就不用了。

玉文化還有一個很重要的內容，那就是玉質印璽。在古代，印璽的材質甚至穿印璽的綬帶的顏色，都體現著印璽所代表的權力大小，以及印璽主人的身分地位高低。其中，玉質印璽無疑是最高貴的，通常用作國璽。

其中最有名玉質印璽莫過於傳國玉璽了。傳說，傳國玉璽是用和氏璧雕琢而成的，雖然體積不大，但蘊含的意義卻非同尋常。它是中國第一個統一的封建王朝的創始人 —— 秦始皇所用的玉璽，當時代表著「天命」。

自漢代以後，歷代統治者都把傳國璽視為天命的象徵，似乎只有擁有了傳國璽，才能證明他是真正的「真命天子」。可惜的是，傳說這枚玉璽早在五代的時候就失落在戰火中了。

後代的很多皇帝對此耿耿於懷，曾多次下令尋找。各級官吏為了討主子歡心，也偽造了不少傳國玉璽，因此鬧出了不少笑話。倒是乾隆皇帝在這方面頗有氣度，他說「若論寶，無非秦璽，既真秦璽，亦何足貴」，只當作「玩好久器」罷了。

後來，隨著玉器日漸生活化、世俗化，它的神性也漸漸退化，私人印章也可以用玉製作。

玉石根據質地的不同，還可以分成很多種。傳統的玉石都是軟玉，包括白玉、青玉、碧玉、黃玉、墨玉、粉玉、虎皮玉等。硬玉最主要就是翡翠。翡翠是什麼時候出現的，還沒有確實的資料做依據。因為乾隆皇帝之前，翡翠還是無名小卒，完全談不上貴重。到了晚清，由於慈禧太后非常喜歡翡翠做的雕飾品，才在宮中掀發揮翡翠熱，並很快影響到了民間。到現在，翡翠早已躋身名貴玉器品種之列。

清宮的「翡翠白菜」大概要算是最有名的翡翠玉器了。玉匠利用玉根的白色，配上翡翠的青綠，巧妙地雕成一顆栩栩如生的白菜。關於它的來歷有兩種說法，有人說它是光緒帝的瑾妃的嫁妝，也有人說它是慈禧最心愛的物件。不過，這兩種說法都只是傳說而已。

還有一種非常名貴的玉叫和田玉，它出產於新疆和田地區，那裡一直是古代宮廷用玉的主要產地。和田玉引進中原大約是漢代通西域之後的事，由於來之不易，材質又美，和田玉一直被視作最名貴的玉種之一。尤其在清代，清宮中的很多物件都是用和田玉來製作的。直到現在，收藏和田玉的「籽料」，仍是玉器收藏的一個很大的門類。

和田玉中最漂亮也最高貴的是羊脂玉。羊脂就是羊油，羊脂玉最大的特點就是色白油潤。羊脂玉雕器都非常晶瑩潤澤，也特別的乾淨美觀。

在中國，玉一直是代表祥瑞的吉祥物，也是品德高潔的象徵，還帶有「神性」。因此，就有「人養玉，玉養人」的說法，人們認為玉自身的靈氣可以去病闢邪，而長期浸染人氣，又能增加玉的靈氣。很多人喜歡佩戴玉器，甚至專門有人「盤玉」——就是拿玉在人皮膚上摩擦，讓人體油脂浸潤到玉裡面，增加它的靈氣。

第三節　巧剜明月染春水，妙削花梨退秋風——陶瓷和家具收藏

陶瓷和家具是人們日常生活中的必需品。因此在中國，它們都深深地打上了中華文化的烙印。中國的陶瓷和家具在用料、形制等方面都是與眾不同的，而這正是它們為眾多藏家所鍾愛的主要原因之一。

陶瓷收藏

陶瓷，作為中國古代一個獨特的藝術類別，它一直是世界各國最為傾慕和嚮往的藝術品之一。

中國的製陶技術從原始社會便已開始，最初的陶器燒製溫度較低，製作也較粗糙，主要用於日常生活用品。隨著技藝不斷精進，陶器逐漸變成一種工藝美術品，供古代的王公貴族及富庶世家觀賞把玩。瓷器藝術的產生和發展，使陶瓷的工藝美術性越發凸顯，其實用的一面卻漸漸被忽略了。

瓷藝在唐代以後開始發揚光大，幾乎歷朝歷代都有代表性作品問世。唐代的「唐三彩」、南方的越窯青瓷和北方的邢窯白瓷，是當時最為著名的品種。其後，在元代青花瓷大放異彩，明清時期的瓷器則包羅萬象，熔古鑄今，各個品種都走向巔峰。

如此輝煌的藝術，必定伴隨著藝術愛好者的追捧和收集，從官府到民間，陶瓷收藏之風愈演愈盛。

東漢和兩晉時期，陶瓷收藏品還主要是一些精美的日常生活用具，並且多為達官貴人所擁有。這些陶器造型優美，富於想像，工藝精美，可用於觀賞，也可用於生活。釉色大都為青(卵白)、黑色，也間有青綠、米黃等其他顏色。

唐代皇室收藏的瓷器一般來自進貢。朝廷每年會要求各地窯場選送一些特別精美的器品進貢，以供使用或賞玩。當時的窯場還沒有官私之分，一般是「有令則燒，無令則止」。朝廷下達了命令，這些窯場上至窯主，下至工匠，必定全力以赴，不遺餘力為皇室燒製出盡可能完美的器物，此時的燒製技藝也空前發達。唐代的皇室不但將這些精美的器物當作藝術品珍藏於內府，還將大量的祕色瓷、金銀器等進獻給佛陀，從側面反映出唐朝佛教發展之盛。在山西扶風的法門寺地宮中，已經出土和未出土的稀世珍寶，也有力證明了當時陶瓷藝術的輝煌。

宋代開始，陶瓷收藏漸成規模，借助於宋代精湛的陶瓷藝術，陶瓷收藏史出現了第一個高峰。朝廷有意識地挑選各地窯場名匠，專門為宮廷燒製瓷器，這就是「官窯」的出現。這些窯場利用當時最為先進的技術，燒製出大量優等品，經過「千中選百，百里挑一」的嚴格篩選，將其中的絕妙之作送入宮廷。而那些落選的器物或流落民間，或就地砸碎深埋。宋朝的這種做法，使得很多製作精良之品從燒成之日發揮便成為藏品，進入內府藏室。

宋代最負盛名的五大名窯是：鈞、汝、官、哥、定。當時皇帝賞賜臣屬，達官貴人進獻貢品，以及官商之家互贈禮物，都以這五大名窯出品的瓷器為榮。

宋代也是瓷器藝術空前受到追捧的時代。上至皇親貴族，下至文人士大夫，都對收藏陶瓷津津樂道。有記載說，有一次宋仁宗臨幸張貴妃，在她房間看見一個定州燒製的紅瓷器品，大吃一驚。張貴妃明知仁宗有過明確警示，後宮不能私自與臣屬來往，更不能私受賄賂，但這個瓷器非常精美，她非常想借此顯示自己對藝術的熱愛，從而討好皇帝。沒想到弄巧成拙，馬屁沒拍成，仁宗大怒，以欺君之罪怒斥貴妃，貴妃跪地求饒不止，最終仁宗將瓷瓶砸碎，以儆效尤。此事真假不論，對於我們管窺宋時人們收藏陶瓷的熱情，還是有著一定參考意義的。

直到元以前，陶瓷都以素色為主，風格素雅，圖案簡單，有些甚至沒有圖案。而從元代開始，青花瓷異軍突發揮，不僅在國內風靡，在國外也大放異彩。元朝政府在景德鎮設置了專門負責窯場事務的機構「浮梁瓷局」。這個機構負責燒製各種藝術精良的瓷器，供元朝貴族賞玩享用。青花瓷輝煌了沒多久，元朝便短命而亡。明代青花雖是接續元青花而來，但歷經時間的沉澱，也默默產生了變化。

明清時期官藏瓷器更為豐盛，兩大朝廷都設置了御窯場，專為宮廷燒製瓷器。皇帝每年派遣督陶官前往各大窯場督管大小窯物，發展到後期，更是對所燒器物的數量、器形、紋飾等一一過問。明清時期的陶瓷收藏雖然受到市場的衝擊，但仍然是以宮廷收藏為主。

當然，商品經濟的活躍，必然會帶動民間收藏市場的進一步擴大，私窯、民窯也蔚然成風。據記載，到嘉靖年間，景德鎮的大小窯場，場主與雇工多達十萬餘人，燒製技術自不必說。當時的富商貴族，會請有名的民窯為其燒製各種器品，無不制藝精良，且都有藏者的印記。

隆慶年間有過短暫的開關政策，使得部分瓷器藝術品流傳海外，引得世界為之震驚。海外貿易不僅讓國內的陶瓷藝術弘揚海外，也將異域的特色帶回國內，於是出現了大批以異域景象和外國文字為圖案的器品，成為中國陶瓷史上一大特色。這些器品一旦被帶到國外，立刻就會成為外國宮廷貴族爭相收藏的對象。

至於普通的民間收藏，晚清和民國時期總體上偏重明清的官窯器物。對於宋代器品只推崇五大名窯所制，尤其是汝窯燒製的精品。時代更遠的唐代器物，除了唐三彩之外，就知之甚少了。光緒以前，經營官窯產物、仿製官窯產物都屬於違禁行為，因此官窯之作很少流入民間。直到圓明園遭劫，在八國聯軍洗劫皇宮內藏之時，這些藏品才公之於世，部分流落海外，部分散入民間，還有的在劫難中香消玉殞。

如今，陶瓷收藏已成為最重要的收藏門類之一，活躍在各大拍賣和交易市場。

家具收藏

華人向來注重家庭，置房、置地，還要置家具。家具的收藏事業，儘管比不上古籍、陶瓷的收藏，但在特定時期，也能成為收藏界的寵兒。

觀覽家具的歷史，宋以前只有達官貴人才談得上使用家具。尤其是坐具，唐代時人們仍以席地而坐的方式為主，真正意義上的椅子只是少量地在貴族家庭出現。宋以後士大夫文人地位有明顯提高，商業的快速發展也使得商人階層迅速崛發揮，處於社會中間階層的人們開始有條件追求生存之外的各種享受。這個時候家具的使用範圍向下層擴展，而椅子的廣泛運用也終於促使古人將席地而坐的方式轉變為垂足而坐。

明代是家具製造業的頂峰，不僅是因為各式家具的普遍使用，還因為明式家具的審美特質。明代後期開放海禁，一些國內少見的木材如紫檀、黃花梨等透過海外貿易的管道進入國內家具市場。當時社會經濟整體上是富足的，各地都有修建園林、大興土木的需求，特別是有一些文人自負風雅，也參與到家具製造的設計中來，種種原因，使晚明時期的家具享譽海內外。

明式家具大多美觀、大方、素雅，且造型洗鍊。而且從實用角度出發，造型設計通常都具有高度科學性，舒適、安全，同時又能給人以審美享受，實為科學與藝術的結合體。

清朝則沿襲明式家具之風，除細節設計上增添了更多創意外，主體還是仿照明式家具的風格特點。有趣的是，可能是生活所見太習以為常而致，國人並未意識到家具的價值所在。古典家具真正引發揮重視，還是從外國人開始的。

康熙朝開始陸續有傳教士入境，他們看到明式家具時頗為珍愛，便多方購買運送回國，收藏陳設。因為具有與西方家具截然不同的風格特徵，它們很快就受到了國外人士的追捧。據說，當時英國有一個叫齊本德爾（Thomas Chippendale）的設計師，他根據明式家具的設計原理，為英國王室設計了一套家具，轟動了整個歐洲。此後，中國的家具在國際上一直享有盛譽，價格也從未降低過。

真正意義上的家具收藏熱，是從民國時期開始的，同樣由外國人的熱衷而引發揮。趙汝珍曾在《古玩指南》中說道：「歐美人士之重視紫檀，較吾國尤甚，以為紫檀絕無大木，僅可為小巧器物。拿破崙墓前，有五寸長紫檀棺槨模型，參觀者無不驚慕。及至西洋人來北京後，見有種種大式器物，始知紫檀之精華盡聚於北京，遂多方收買運送回國。現在歐美之紫檀器物，皆由北京運去者。」

外國人的熱情不僅僅是收購收藏，他們同時也進行研究。有個叫艾克（Gustav Ecke）的德國人，常年在北京居住的他，花了很多的時間和精力研究明式家具，透過多年的蒐集整理，最終著成《中國花梨家具圖考》一書，這是外國人收藏中國古典家具的第一部專著。

中國最有影響力的家具研究者和收藏愛好者，則首推建築學家梁思成。以他為首的中國營造學社曾對古典家具進行了非常詳細深入的調查研究，為後來的家具收藏提供了系統的參考資料。此外，梁思成還有一個特別貢獻，那就是將明代的花梨木定名為「黄花梨」，這個名稱一直沿用至今。

收藏家具需求有一定的物質條件做基礎，民國時期，多是富足之家才有收藏的能力。如著名文物學家朱家溍先生，他的父親朱翼庵先生便是家具收藏愛好者。四十歲後，他開始多方蒐集古典家具，經過多年努力，成果頗為豐厚。其中不乏明清時期珍貴的紫檀木、花梨木精品。

家具收藏的第二個熱潮出現在西元一九八〇年代。觀其原因，政策使得大量物品回歸主人，但通常都不再用於日常生活，而是流向市場。與第一次熱潮相同的是，外國人的熱情推崇和收購，仍然是家具收藏大熱的最大推動力。舊物回歸民間，境外愛好者不能錯過這個千載難逢的時機，他們透過各種管道不遺餘力地收購明清高檔家具，其中紫檀木和花梨木家具尤其受到推崇。

起初的家具收藏市場裡，大都是為賺取額外收入而奔走的二手小販，他們往往並不懂得古典家具的價值，因而常常賤賣了珍品。珍貴家具的走私流失，當然也刺激到一些收藏家，他們致力於對古典家具的研究，逐漸引起重視。

這裡不得不提的一位文物學家、收藏學家，是王世襄先生。

他曾是中國營造學社的成員之一，在梁思成帶領下對家具進行的調查研究，使他對古典家具產生了濃厚的興趣。西元一九六〇年代他撰寫的《中國古代家具 —— 商至清前朝》一書，是其多年研究的第一階段成果。西元一九八〇年代，他又將幾十年的研究進行整理，寫成《明式家具珍賞》，由香港三聯書店出版，引發揮學術界的轟動。這部書作為第一部介紹中國古典家具的大型圖書，不僅對故宮、北京外貿公司、北京電影製片廠等官方收藏進行了詳細介紹，還介紹了一部分民間珍品。據說只要是家具收藏者，幾乎人手一本，可見此書的權威地位。因此，它引發了古典家具收藏搶購熱的說法，也並不誇張。

當然，最令我們感嘆的，還是外國人對中國古典家具藝術的熱愛。由於文化背景的差異，他們對於家具的審美感受，是大不相同的。

第四節　體像乾坤能使鬼，面敷玲瓏可傳情 —— 錢幣和郵票收藏

錢幣和郵票是人們的日常生活用品，這方面的收藏並非針對的是它們的使用價值，而是它們的藝術價值和歷史價值。錢幣的收藏很早就有了，郵票收藏因郵票出現得較晚，而成為收藏界的「後起之秀」。

錢幣收藏

私有制出現之後，最初以物易物的交易方式逐漸無法滿足人們生產和生活需求，貨幣就應運而生了。貨幣自產生至今，曾以各種各樣材質和形態存在。從材質來看，大略可以分為骨貝類貨幣、金屬類貨幣和紙幣三種。

骨貝類貨幣出現的時間最早，以貝幣最為常見。在中國，直到周代貝幣還是主要的貨幣類型。製作貝幣的材料顧名思義是貝殼，由於古代交通不發達，海貝在內陸地區比較珍貴，所以用於製幣的貝殼通常是海貝，而非淡水貝類。貝幣以五枚為一串，兩串為一「朋」。「朋」字就是按這種貨幣編穿形式而發明的象形文字。

根據西周青銅器銘文記載來看，當時一朋貝的價值十分可觀，周王賞賜功臣通常也不過數十朋而已。

後來，隨著貨幣需求量的增大，海貝又不易進入內地，人們便開始用蚌、骨、石、陶等材料仿製海貝幣，甚至還出現了銅質貝幣——這就是金屬貨幣的前身。

金屬貨幣是中國古代貨幣的主體，這裡所說的「金屬」主要是銅，尤其是青銅。春秋戰國時期是中國金屬貨幣產生和發展的時期。那時候的貨幣從形狀上分，主要有布幣、刀幣、蟻鼻錢和圜形幣。

布幣是從農具鎛演變而來的，因為形狀像鏟子，所以又叫鏟幣。這種貨幣主要在晉國和兩週地區流行，如趙國的鏟形幣就是一種很有代表性的布幣。

刀幣形狀似刀，由青銅削演變而來，刀柄有環，齊國的刀幣最有代表性。

蟻鼻錢是一種仿製貝幣，主要流行於楚地，因為形似鬼臉，所以又叫鬼臉錢。

圜形幣顧名思義，就是幣身為圜形，或圓形方孔，或圓形圓孔。這種貨幣主要流行於秦國、魏國。範是鑄造所用的模具，那時候的貨幣用範澆鑄而成，成型之後需求用木條穿發揮銅錢，再拿銼刀將外緣的邊角銼平。圓孔銅錢會在木條上滾動，而方孔錢不會，所以後來圓孔錢就逐漸被方孔錢取代了。

秦統一天下後，取消了布幣、刀幣和蟻鼻錢，將圓形方孔的「半兩錢」作為唯一合法的貨幣。

秦代的幣形幣製為漢代所繼承，當時最常用的錢是「五銖錢」。但是由於西漢早期很多諸侯甚至寵臣都享有私造錢幣的權力，所以當時的幣制比較紊亂，貨幣的種類也多種多樣。最近出土的西漢大雲山墓葬就發掘出大量不同於五銖錢的錢幣，這證明了史料記載的可靠性。

對當時社會來說幣制混亂不是什麼好事，但對後世的貨幣收藏者來說卻很有意義。王莽新朝不過存在了十餘年，卻一連搞了四次錢幣改革，而且每一次改革都鑄造出非常精美的錢幣，所以王莽被貨幣收藏家們稱為「痴迷的錢幣改革家」。

第一次改革時，他頒行了三種大錢，一種是方孔圓錢，錢上鑄有「大泉五十」字樣；一種是「契刀五百」，其形類似後來的鑰匙，由刀環和刀身兩部分組成，刀環就是一枚方孔圓錢，較為樸拙的刀身與之相連；第三種叫「一刀平五千」，也叫做「金錯刀」，形狀與第二種相似，但更為厚重。

第二種和第三種錢幣，其實帶有弄虛作假的意味。特別是第三種，兩枚「金錯刀」可以兌換一斤黃金。然而這種兌換又不是平民能做的，王莽規定只能是他用金錯刀來兌黃金，其他人就只能用黃金來換金錯刀。顯然這是他搜刮黃金的一種戲法，因而受到當時各階層的反對。

於是他進行了第二次錢幣改革。這次改革動作較小，只將「契刀五百」和「金錯刀」廢除，鑄造一些小的「小泉直一」充當實用貨幣。

緊接著王莽又推出了一整套貨幣制度，叫做「五物、六名、二十八品」，說到底就是一個主題 —— 詐錢，最終還是為了以其規定的虛高價值來騙取黃金。

第四次改革時王莽又廢除了「小泉直一」，鑄造新的「貨泉」和「貨布」代替。這兩種錢幣的額度都比較小，容易被民間接受。這麼一來，「大泉五十」便成為四次改革的中堅力量，一直在流通使用，因而也成為莽錢留存下來數量最多的幣種。

在古代詩詞中，經常出現「金錯刀」的字眼。比如東漢時期的張衡有「美人贈我金錯刀，何以報之英瓊瑤」的名句，杜甫也吟有「金錯囊徒罄，銀壺酒易融」的詩句。可見金錯刀雖然行世時間短，但卻受到歷代文人雅士的追捧讚美，原因就在於其鑄造技藝的精湛以及錢幣樣式的美學價值。

唐代比較有名的貨幣是開元通寶，它是唐高祖四年（西元六二一年）開始鑄造並行於世的，雖然它流傳下來的數量較多，但仍是古錢幣收藏中最重要的品種之一。

開元通寶非常精美，上面的文字由初唐書法家歐陽詢題寫。歐陽詢擅長隸書，給錢幣題上了所謂的「八分隸書」。這是中國錢幣史上的一大轉折，此前篆書一統錢文天下的局面被打破，之後通用隸體或楷體來題寫錢文，而篆體反而成了特例。當然也有例外，如宋徽宗時發行的崇寧通寶和大觀通寶上的文字，用的就是宋徽宗獨創的瘦金體。

除了官方發行的「正統」貨幣外，還有一類貨幣叫做「造反錢」，它是指歷史上發揮義軍建立的政府所發行的貨幣。

較為有名的造反錢，最早有北宋初年川蜀地區的造反領袖李順所鑄「應運通寶」。應運是李順小政權的年號，據說當年他要發揮義，有個和尚說他相貌有異，可以當上一百日的一方霸主。還有拆字先生給李順算命，說他的「順」字可以拆成

「一百八日有西川」，同樣是說他可以當一百天的川主。果然這個政權只維持到一百多天便結束了，應運通寶也成了極為罕見的錢幣之一。

元末紛亂之時，起義政權林立，因此鑄造的錢幣雖名目繁多，數量卻極少，傳世更是稀有。明末有張獻忠的「大順通寶」和李自成的「永昌通寶」。其中永昌通寶現在較為常見，有小平錢和折五錢兩種。

在錢幣收藏市場上，「物以稀為貴」是衡量錢幣價值的標準。因此，由官方鑄造發行流通的錢幣，很多因數量優勢，流傳下來較為多見，因而價值不高。而造反錢由起義軍政權鑄造發行，不僅數量少，發行和流通的範圍也極小，因此便具有了較高的收藏價值。也正因如此，有人為了牟利，偽造了不少造反錢，給貨幣鑑別造成了一定難度。

紙市是貨幣收藏的後起之秀，它出現於北宋時的四川地區，名叫「交子」。可惜宋代紙幣並沒有流傳下來，只有一塊印鈔銅版存世，現藏於日本。現在能看到的中國最早的紙幣是元代的中統鈔，存世數量也不多。

明代至清代早期朝廷對紙幣的印製比較謹慎，金屬貨幣仍然是貨幣的主體。清咸豐三年（西元一八五三年），太平天國起義爆發，清政府為彌補浩大的軍費開支，發行了一批戶部官票和大清寶鈔，二者合稱「鈔票」。這種對紙幣的稱呼一直沿用至今。

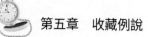

民國時發行的紙幣數量很多，尤其是國民政府統治時期，由於通貨膨脹，發行的紙幣數量越來越多，面值越來越大，收藏者很容易得到。儘管如此，它們還是有一定的收藏價值的。

古代還有一些其他材料製作的貨幣，如皮幣、銀錠等。尤其是白銀貨幣，儘管明代時已經廣泛使用，但它始終沒能代替銅錢，占據貨幣的主導地位。到了清末和民國的時候，銀幣才開始大行其道，最有名的就是光緒銀幣和「袁大頭」。

如今，發行的貨幣以紙幣居多，輔以鎳、銅等金屬製作的硬幣。

郵票收藏

西元一八四〇年的英國，有一位教師叫羅蘭．希爾（Sir Rowland Hil）。一天在散步途中，他看到奇怪的一幕。一個郵差將信件遞交到一個女孩的手中，可女孩看了一眼就將信退回了，拒絕簽收。他感到迷惑不解，便問起拒收的原因。姑娘告訴他說，因為付不起郵費，所以她跟寄信人約好了，在信上做個暗號，只要看到暗號便知道對方平安，而她就可以拒收信件，從而省下一筆郵費。

這件事給羅蘭．希爾很大的觸動。當時英國郵費還是由收信人來支付，而且比較高昂，普通人的確很難負擔。然而拒收的辦法，對於郵差來說也不公平，畢竟送信是花費時間和精力的。經過深思，羅蘭·希爾決定上書，提議改革郵政制度，將收信人付費的慣例打破，改由寄信人支付。同時為了證明寄信人已付費，還要貼上郵票作為憑證。

政府接受了他的建議，他也因此開始擔任郵政大臣，領頭設計郵票。西元一八四〇年五月六日，世界上第一枚郵票發行。這枚郵票底色呈黑色，上印維多利亞女王頭像，面值為一便士，因此又被稱為「黑便士郵票」。

此後，世界各國相繼發行郵票，並不斷有新鮮郵票樣式出現，給郵票愛好者帶來了無限的樂趣。比如在加拿大，西元一八五一年發行了面值三便士的正菱形郵票，第一次打破了此前郵票都為長方形的慣例。隨之，在非洲的好望角，第一次發行了三角形的郵票；在墨西哥，第一次發行了橢圓形郵票；土耳其更為奇異，發行了八角形郵票。這些形狀特異的郵票被愛好者們稱為異形郵票，它們給郵票收藏者帶來了新鮮趣味。

中國歷史上第一枚郵票是西元一八七八年一月由晚清政府發行的大龍郵票。這套郵票有多種顏色和面值，正中圖案都是一條五爪金龍，因而集郵者們稱它為「海關大龍」。

西元一九一二年，一套紀念辛亥革命的主題郵票正式發行，畫面圖案為孫中山頭像，通稱「光復紀念郵票」。

之後經過多年發展，郵票的印刷和防偽技術都在不斷提高。西元二〇〇二年，中國首發了一款帶香味的郵票，作為個性化服務之用。郵票的主圖是盛開的鮮花，它的特別之處在於，只要輕輕用手指摩娑表面，就會散發出百合花的香味。

時至今日，世界各國發行的郵票已不計其數。隨著科技的發展和人類生活的日益豐富，郵票的種類也越來越多，僅從用途就可以分為紀念郵票、普通郵票、特種郵票、航空郵票、軍用郵票等，種類繁多的外形版式更是令人眼花繚亂。

郵票開始僅作為一種郵資憑證而被人們使用，後來才逐漸被人們用來紀念、宣傳等。一般說來，一個國家所發行的郵票的圖案，往往是這個國家最具代表性的風景名勝、動植物、偉人名人、風俗禮儀等，它們在一定程度上體現了發行國的形象，因此郵票又被稱為「國家名片」。

郵票因其蘊含的紀念意義、宣傳意義和精美設計而備受人們的青睞。於是，作為收藏家族的新興成員——集郵便逐漸發展發揮來了。

很多集郵愛好者把集郵當作一種投資，郵票的面值一般比較低廉，尤其是當年發行的，一整套下來也花不了幾十塊錢，是收藏物品中成本最低的。然而它又具有相當高的升值率，一般在 20%至 30%，有的年代一久，價值就成倍遞增。

導致郵票價格迅速暴漲的原因，首先就是收藏者的追捧。如西元一九七〇至一九九〇年代末發行的一系列編號郵票，一共二十一套九十五枚，這些郵票在設計上展示了開放氣象，包括體育、繪畫、文物等藝術主題。最明顯的特色是它採用的編號制，可謂「前無古人，後無來者」，是中國郵票史上的一個獨特現象。於是，有人便以此故意炒作，使它價格猛升。這套總面值僅四十五元多的郵票，在收藏市場上價格最高時曾一度達到十萬多元，不過，熱潮冷卻下來後，價格便一直穩定在兩萬兩萬五左右，最近降至一萬五差不多。

郵票最吸引人是多種多樣的版式和圖案。以最為常見的西元一九八〇、一九九〇年代發行的民居系列普通郵票為例。這套郵票共分四組二十一枚，每枚郵票印有一種民居圖案。從價格上說，這套郵票全套集齊僅五十幾元。然而從民俗價值上看，其意義和價值卻遠大於其經濟價值。而且，有的集郵愛好者別出心裁，特意收集郵票圖案所在地寄出的實寄封，這樣收集發揮來就有了一定難度，當然收集的樂趣也就更大了。

此外，儘管郵票產生的歷史並不算久遠，但很多郵票內含的歷史價值卻不容小覷。西元一九三八年，是美國製憲行憲一百五十週年，同時也是抗日戰爭的第二年。國民政府為了爭取有利的國際環境，加強與美國的連繫交往，進而獲得美國的援助，決定發行一套「美國開國百五十年紀念郵票」。

由於是中美聯合製作發行，為了體現中美友好的主題，所以設計者發揮初打算用中美兩國地圖作為主圖背景，然後在兩端分別加上蔣介石和羅斯福總統互打電話慶祝的圖樣。

但按照美方慣例，在世總統的肖像是不能印到郵票上去的。於是，換成了華盛頓和孫中山的頭像。最後，後一種方案也被撤銷，改由中美兩國國旗來代替，而圖片的背景也終定為中國地圖。

由於印製時間倉促、發行量又大，中國的印刷廠難以完成任務。後來，國民政府不得不委託美國的一家印刷廠代為印刷。後來又因為印製的中國地圖缺少海南島，又不得不銷毀重印。

因為這套郵票的中國地圖包括東三省，隱含反對日本侵略之意，一經問世，便受到愛國人士的關注。人們被那股凝固在郵票中的愛國熱情而感動，爭相購買，目前這套郵票還有不少存世。

儘管相比發揮金石書畫、竹木牙角等傳統收藏，郵票收藏的歷史還很短暫，但其中的學問卻不小。僅是郵票收藏價值的判斷，就需求集郵者對郵票的圖案、銘記、面值、志號，甚至齒孔、水印、背膠、紙質等方面有深入的了解；其他如郵票的保管、各國郵票發行歷史等方面的知識，更需要集郵愛好者下大功夫去研究。

參考書目

1. 杜澤遜著：《文獻學概要》，西元二〇〇一年。
2. 楊仕、岳南著：《風雪定陵：地下玄宮洞開之謎》，西元一九九一年。
3. 梁志偉著：《收藏門》，西元二〇一〇年。
4. 吳少華著：《海派收藏》，西元二〇一〇年。
5. 華人收藏家大會組委會編著：《名家談收藏》，西元二〇〇九年。
6. 馬未都著：《馬未都說收藏》，西元二〇〇九年。
7. 藍翔著：《收藏史》，西元二〇〇八年。
8. 鄭爲著：《閒情拾趣：古陶瓷收藏與欣賞》，西元二〇〇八年。
9. 欣弘著：《百姓收藏圖鑒》，西元二〇〇七年。
10. 安久亮著：《民間收藏與收藏文化》，西元一九九四年。

電子書購買　爽讀 APP

國家圖書館出版品預行編目資料

遺珍重現，歷史收藏的藝術與價值：從帝王至文人，收藏如何塑造歷史與文化 / 過常寶 著 . -- 第一版 . -- 臺北市：崧燁文化事業有限公司 , 2024.03
面；　公分
POD 版
ISBN 978-626-394-061-1(平裝)
1.CST: 古物 2.CST: 蒐藏品 3.CST: 中國文化
790　　113001812

遺珍重現，歷史收藏的藝術與價值：從帝王至文人，收藏如何塑造歷史與文化

臉書

作　　者：過常寶
發 行 人：黃振庭
出 版 者：崧燁文化事業有限公司
發 行 者：崧燁文化事業有限公司
E-mail：sonbookservice@gmail.com
粉 絲 頁：https://www.facebook.com/sonbookss/
網　　址：https://sonbook.net/
地　　址：台北市中正區重慶南路一段六十一號八樓 815 室
Rm. 815, 8F., No.61, Sec. 1, Chongqing S. Rd., Zhongzheng Dist., Taipei City 100, Taiwan
電　　話：(02) 2370-3310　　傳　　真：(02) 2388-1990
印　　刷：京峯數位服務有限公司
律師顧問：廣華律師事務所 張珮琦律師

定　　價：299 元
發行日期：2024 年 03 月第一版
◎本書以 POD 印製
Design Assets from Freepik.com